UIN 1972

L'INSTITUTRICE

PAR

EUGÈNE SUE.

3

PARIS
ALEXANDRE CADOT, ÉDITEUR,
33, RUE SERPENTE.

1851

L'INSTITUTRICE.

Ouvrages de A. de Gondrecourt.

EN VENTE

Le Bout de l'oreille.	7 vol.
Le Légataire.	2 vol.
Les Péchés mignons	5 vol.
Médine.	2 vol.
La Marquise de Candeuil	2 vol.
Un Ami diabolique	5 vol.
Les derniers Kerven	2 vol.

Sous presse.

Mémoires d'un vieux Garçon
La Chasse aux diamants.
La Tour de Dago.

Ouvrages du Marquis de Foudras.

EN VENTE.

Un Caprice de grande dame.	5 vol.
Un Capitaine de Beauvoisis.	4 vol.
Jacques de Brancion	5 vol.
Les Gentilshommes chasseurs	2 vol.
Les Viveurs d'autrefois	4 vol.
Les Chevaliers du Lansquenet	10 vol.
Lord Algernon	4 vol.
Madame de Miremont	2 vol.
Lilla la Tyrolienne	4 vol.
Tristan de Beauregard	4 vol.
Suzanne d'Estouville	4 vol.
La comtesse Alvinzi	2 vol.
Le Capitaine La Curée	4 vol.

Sous presse.

Dames de cœur et Dames de pique.
Le dernier des Roués.
Un Drame en famille.
Les Veillées de la Saint Hubert.
Le Commandeur de Pontaubert.
Diane et Vénus.
Madeleine Repentante (*suite du Caprice*).

Ouvrage d'Alexandre Dumas.

LA COMTESSE DE SALISBURY.

6 volumes in-8.

On vend séparément les derniers volumes pour compléter la première édition.

Impr. de E. Dépée, à Sceaux (Seine).

L'INSTITUTRICE

PAR

EUGÈNE SUE.

3

PARIS
ALEXANDRE CADOT, ÉDITEUR,
33, RUE SERPENTE.
—
1851

I

I

Les salons du château de Morville se remplissaient; tous ces voisins de six ou sept lieues à la ronde, accueillis avec cordialité, se connaissant tous, se recevant les uns les autres, soit à Paris, soit à la campagne, et se retrouvant avec un nouveau plaisir, donnaient à cette réunion un air de famille qui pouvait excuser l'entêtement de madame de Morville à faire une exhibition du talent musical de sa fille.

Gérard rencontrait à chaque pas des jeunes gens qui, jusqu'alors, l'avaient un peu traité en écolier, mais qui, le sachant *hors de page,* et voyant son menton ombragé d'une barbe naissante, l'admettaient à leur entretien, ne lui cachant pas leurs observations bienveillantes ou critiques sur les femmes ou les jeunes filles qui passaient successivement devant eux. Au moment où, tout fier de son *initiation,* Gérard entrait avec ses nouveaux amis dans un autre salon, il fut arrêté près de la porte par un élégant nommé M. de Blancourt, jeune homme fort à la mode, même ailleurs qu'en Touraine. La distinction de ses manières, l'aisance avec laquelle il parlait aux femmes, les coquetteries qu'elles déployaient pour lui, enfin sa réputation d'homme à bonnes fortunes, venue même jusqu'aux oreilles de Gérard, lui inspiraient une profonde admiration pour M. de Blancourt.

L'ex-lycéen fut donc très glorieux d'entendre M. de Blancourt lui dire, en le prenant familièrement par le bras :

— Mon cher Gérard, quelle est donc cette jeune personne que je vois ici pour la première fois? tenez, là-bas; elle est coiffée en cheveux et porte une robe de mousseline blanche. Vous ne la voyez pas? Mademoiselle votre sœur lui parle en ce moment.

Gérard se leva un instant sur la pointe des pieds et regarda dans la direction que lui indiquait M. de Blancourt; puis, retombant sur ses talons, il répondit négligemment :

— Cette jeune personne?... c'est l'institutrice de ma sœur.

Et il allait s'éloigner ; mais M. de Blancourt le retint encore.

— Comment ! — dit-il à Gérard avec l'accent de la plus vive admiration, — cette ravissante créature est institutrice ? Jamais duchesse n'a eu meilleure grâce et plus grand air ! Quelle délicieuse figure ! Quelle adorable taille ! Et ce teint si rosé et si pur ! Elle doit être Anglaise ; c'est une véritable figure de keepseake. Non, de ma vie je n'ai rien vu de plus charmant et de plus distingué !

Puis, souriant et regardant fixement

Gérard, qui rougit jusqu'au blanc des yeux sans savoir pourquoi, M. de Blancourt lui dit à mi-voix :

— Ah! c'est l'institutrice de la maison! Heureux garçon!... Mais, hélas! aux innocents les mains pleines.

Et M. de Blancourt, s'étant empressé d'aller saluer une jeune et jolie femme qu'il venait de voir entrer dans le salon, laissa Gérard étrangement troublé.

Quelques *chut! chut!* partant du salon principal, et deux ou trois accords frappés sur le piano, annoncent que l'heure du supplice d'Alphonsine, condamnée à la partition de *Moïse,* est arrivée. Autour de l'instrument se sont groupées les mères, qui, toujours en apparence, du moins, conspirent pour le succès des jeunes filles; puis, les amies d'Alphonsine formant une franche cabale, et lui disant de leurs petits airs de tête résolus :

— Courage! N'aie pas peur! Cela ira bien !

A côté de la patiente est miss Mary, qui ne peut en ce moment terrible et solennel se séparer de son élève, dont elle partage l'angoisse. Enfin l'on fait silence ; madame de Morville donne le signal. Alphonsine tourne un regard désespéré vers son institutrice, qui vient sous le piano de lui serrer la main, et l'exécution du *Moïse* commence.

Il faut être très célibataire et ne ressentir aucune pitié à l'endroit des pauvres enfants voués au piano par la volonté de leurs parents, pour les condamner à des partitions aussi féroces que celles de *Moïse*. L'illustre Thalberg est marié maintenant ; nous serions tentés de croire qu'il a des enfants, car nous n'avons pas entendu dire depuis quelques années qu'il ait continué à éditer de semblables instruments de torture. Hélas! qui ne serait épouvanté en voyant ces pauvres doigts qui se distendent, se disloquent pour obtenir des écarts que la nature défend? Qui ne frissonnerait à la vue de ces bras qui se croisent, de ces mains qui se poursuivent, se chassent, usurpent l'une sur l'autre, s'enchevêtrent et se contournent de mille façons? Pendant cette effrayante gymnastique, la jeune condamnée n'a pas le temps de penser à la musique; aussi, nous ne surprendrons pas le lecteur en lui apprenant que les traits de la pauvre Alphonsine revêtirent une indicible souffrance, et que l'on ne pouvait distinguer le chant du morceau qu'elle jouait, à travers les terribles ornements dont il était hérissé.

Quelqu'un souffrait peut-être plus cruellement encore qu'Alphonsine, c'était Gérard ; aimant tendrement sa sœur, il accusait près de ses voisins le choix de la partition, disant avec autant de dépit que d'embarras :

— Toutes ces institutrices sont ainsi ; afin de faire croire qu'elles ont du talent, elles donnent à leurs élèves des morceaux au-dessus de leur force. Ma pauvre sœur est, comme les autres, victime de cette manie vaniteuse.

Madame de Morville se sentait blessée doublement, et comme maîtresse de maison, et comme mère; sa jalouse irritation contre miss Mary augmentait en raison de l'insuccès d'Alphonsine et des chuchotements produits par la rare beauté de son institutrice; surprenant pour ainsi dire au vol les regards d'admiration que les hommes jetaient sur la jeune Irlandaise, madame de Morville contraignait à peine son dépit et maudissait la fête.

Cependant, lorsque la torture d'Alphonsine fut terminée, on entendit quelques rares applaudissements : c'étaient, hélas! les autres pauvres jeunes condamnées au

piano, qui, par esprit de corps, soute-
naient une de leurs compagnes ; lorsque
Alphonsine se leva et vit leurs mains qui
battaient encore, elle leur dit à demi-voix
avec une naïveté charmante :

— Vous applaudissez à ma délivrance,
n'est-ce pas ? Vous avez raison. Enfin,
c'est fini !

La chère enfant n'éprouvait pas dans sa
défaite le chagrin de la vanité déçue ou de
l'audace qui échoue ; obligée d'obéir, elle
avait fait tous ses efforts pour obéir de son
mieux, et n'avait pas réussi. Rien de plus.

D'ailleurs, elle avait trouvé une douce consolation dans ces mots de miss Mary, dont elle ne pouvait mettre en doute la sincérité :

— Pauvre chère enfant, vous avez mieux joué que je n'aurais osé l'espérer !

A part le groupe des autres jeunes condamnées au piano, tout le monde était resté froid, embarrassé. Gérard, péniblement affecté, avait quitté le salon.

Madame de Morville se trouvait dans une position étrange. Non seulement son orgueil maternel était cruellement blessé par le *fiasco* de sa fille, mais elle redoutait pour elle-même une sorte de ridicule, pensant que l'on jugerait peut-être de miss Mary par son élève, et que cette fameuse mademoiselle Lawson, cette perle des institutrices, ce trésor incomparable qu'elle avait le bonheur de posséder, et dont elle parlait si souvent à ses voisins, serait très médiocrement appréciée en raison du peu de succès d'Alphonsine. Aussi, cédant, selon son habitude, à un premier mouvement dont elle ne calcula pas les conséquences, elle se leva brusquement, s'approcha de miss Mary et lui dit à demi-voix avec hauteur :

— J'espère, mademoiselle que vous

allez vous mettre au piano, et prouver ainsi que je n'ai pas fait, dans l'institutrice de ma fille, un si mauvais choix qu'on pourrait le croire en ce moment, si l'on jugeait de la maîtresse par son écolière.

— Ah! madame, — dit miss Mary d'une voix suppliante, — épargnez-moi cette obligation.

— Mademoiselle Lawson, — reprit à haute voix et d'un ton impérieux madame de Morville, — mettez-vous au piano, nous vous écoutons.

— Oui, oui, mademoiselle, nous écoutons, — reprirent le groupe de jeunes condamnées, dans l'impitoyable espérance d'échapper au supplice qu'elles redoutaient, en y envoyant à leur place une autre patiente.

Alphonsine, avant d'aller rejoindre ses compagnes qui l'appelaient pour qu'elle se plaçât au milieu d'elles, se pencha vers son institutrice, qui hésitait encore, et lui dit tout bas :

— Je vous en prie, miss Mary, faites-moi oublier !

La jeune Irlandaise, quoique blessée du ton impérieux avec lequel madame de Morville lui avait ordonné de se mettre au piano, obéit cependant, très décidée à éviter toute apparence de lutte entre elle et son élève. Aussi, loin d'exécuter un morceau à effet, elle commença un simple adagio d'Haydn.

Monsieur de Morville, complètement étranger au supplice imposé à sa fille sous prétexte de *Moïse*, et qui n'avait pas assisté à l'exécution, rentrait en ce moment dans le salon, et personne par convenance ne lui parla de l'insuccès de sa fille. Il put donc, sans préoccupation, s'abandonner au plaisir qu'il éprouva dès les premiers accords que miss Mary fit entendre ; plaisir bientôt partagé par tout l'auditoire. Les portes du salon, où la circulation était libre un moment auparavant, s'encombrèrent d'amateurs tendant le cou et l'oreille. Gérard lui-même, se trouvant dans une pièce voisine, subit l'impression générale, et le silence scrupuleux qui régna soudain lui permit d'entendre les notes les plus finement perlées.

Le charme de cette musique qui a un sens, qui formule une idée que tout le monde saisit, comprend et aime, avait pénétré partout ; de faibles amateurs battant naguère la mesure à contre-temps s'étonnaient de leur instinct rhythmique et balançaient leur tête en cadence. On était surpris de trouver tant de plaisir à une chose si simple ; on fut plus surpris encore quand on vit que le compositeur s'était arrêté juste au moment où son idée était complète, sans se permettre d'ajouter une mesure au-delà de la phrase. On n'applaudissait pourtant pas encore, beaucoup de personnes ne risquant jamais leur approbation avant de savoir le nom de l'artiste dont elles hésitent à proclamer le succès ; mais au bourdonnement approbateur qui s'éleva de tous côtés l'on ne pouvait se faire illusion sur le succès de miss Mary.

Alphonsine, contenant à peine sa joie,

se retourna vivement vers ses compagnes, le visage rayonnant et semblant leur dire :

— Ce n'est rien encore, vous allez entendre la suite.

Madame de Morville devait, ce jour-là, passer d'un regret à un autre. Miss Mary n'avait plus seulement un triomphe de beauté; son rare talent excitait un enthousiasme général; cet enthousiasme, c'était elle-même, madame de Morville, qui l'avait provoqué, en ordonnant, avec une hauteur imprudente, à miss Mary de toucher du piano, Ce double succès blessait cruellement l'orgueil de la mère d'Alphonsine, mais il lui fallait en silence subir ce nouveau tourment; pouvait-elle reprocher à son institutrice d'avoir exécuté ses ordres?

La bienveillance de son auditoire ne rendit pas miss Mary plus ambitieuse ; elle commença une série de trois valses de Beethowen dont chacune n'a pas plus de quatre lignes. A la fin de la première, Gérard se leva en s'écriant :

— C'est délicieux !

Et se rapprochant de la porte où il aperçut M. de Morville, il lui dit :

— Mon père, qui donc est au piano?

— Miss Mary, — répondit M. de Morville presque sans détourner la tête, car la seconde valse commençait. Tout le monde était sous le charme d'un plaisir indicible, et lorsque, après un dernier accord, miss Mary quitta le piano, un applaudissement général retentit; on s'était levé, on s'interrogeait au sujet de ce talent si pur, si élevé, si nouveau; plusieurs personnes s'empressèrent d'aller complimenter l'institutrice. Miss Mary était confuse et presqu'affligée de ces louanges. Elle pressentait le dépit qu'elles devaient causer à madame de Morville, dont les traits révélaient une contrariété d'autant plus vive que plusieurs personnes de ses amies lui disaient à l'envi ;

— Vous avez raison, c'est une perle que votre institutrice !

— Un vrai trésor !

— Combien vous êtes heureuse d'avoir à vos ordres une pareille virtuose !

— Vous devez la payer fort cher ?

Miss Mary, espérant profiter de ce moment de léger tumulte pour quitter le salon et ne pas ainsi rester en évidence, avait compté sans Alphonsine ; celle-ci, aussi joyeuse, plus joyeuse de ce succès que s'il eût été le sien, accourut auprès de miss Mary, l'embrassa tendrement, et resta quelques instants auprès d'elle, les bras gracieusement enlacés autour de sa taille et la tête penchée sur son épaule ; la chère enfant, oubliant complètement son échec, ne pensait plus qu'au triomphe de miss Mary. Parmi ceux qui, réunis autour de l'institutrice, la félicitaient à l'envi, se trouvait M. de Blancourt ; il mettait autant d'empressement que de bonne grâce dans ses compliments.

Gérard, partageant l'enthousiasme général, s'approchait en rougissant de miss Mary, cherchant d'avance la phrase qu'il allait lui adresser, lorsqu'il aperçut M. de Blancourt auprès de la jeune fille, qui lui répondait avec modestie. Gérard, le cœur serré, admira moins l'aisance et les manières de l'élégant jeune homme, il le traita mentalement de fat et s'arrêta tout triste, se demandant s'il aurait l'audace de glisser quelques timides éloges après les louanges probablement fort spirituelles, de M. de Blancourt, ou bien s'il s'exposerait à passer pour impoli aux yeux de miss Mary en gardant un silence qui pouvait paraître affecté. Il restait en proie à cette perplexité lorsqu'un domestique, à qui Alphonsine venait de dire quelques mots, s'approcha et pria M. Gérard, de la part de mademoiselle, de vouloir bien aller chercher chez lui un objet qu'elle avait oublié sur sa cheminée devant sa pendule.

Gérard, presque heureux de cette issue ouverte à son indécision, s'éloigna rapidement.

Parmi tous les auditeurs de miss Mary, nul n'avait été plus complètement subjugué que M. de Morville ; non-seulement il n'avait pas encore entendu les petits chefs-d'œuvre qu'elle venait de délicieusement exécuter, mais il était sous l'influence de cette émotion électrique qui semble se dégager d'un enthousiasme général et double la puissance des sensations. Le succès de miss Mary était pour M. de Morville une sorte d'excuse à sa folle et secrète passion. Aussi, lorsque Alphonsine, l'apercevant de loin, lui tendit la main, il se rendit à cet appel, heureux de pouvoir se joindre à sa fille pour payer son tribut d'éloges à l'institutrice. Il allait s'éloigner des deux jeunes filles ; Alphonsine le retint avec un sourire malicieux, et lui dit :

—Père, je t'en prie, reste encore un moment.

Il n'eut pas longtemps à attendre : quelqu'un fendait la foule avec empressement et marchait au groupe dont M. de Morville faisait partie. C'était Gérard, tenant un petit cadre à la main.

— Ah ! mon père, — dit-il en s'approchant ; — ah ! ma sœur, quelle charmante surprise !

— Quoi donc ? — dit M. de Morville.

— Fais donc semblant de n'être pas du complot, — dit Gérard à son père en lui présentant l'objet qu'il tenait à la main.

— Le portrait d'Alphonsine ! — s'écria M. de Morville.

— Oui, son portrait, son portrait ravissant d'exécution. Vois, c'est Alphonsine ; elle vit, elle respire.

— En effet, — reprit M. de Morville en examinant le portrait. Puis il s'écria : — Je ne connais qu'une personne dont le talent soit à la hauteur de cette œuvre.

— Qui donc ? — demanda Gérard, tandis que le portrait circulait de mains en mains dans un groupe formé autour de l'institutrice. — Oui, mon père, dis-moi donc, de grâce, quel est l'auteur de ce portrait.

Alphonsine prit la main de son institutrice, fit à Gérard une petite révérence mutine, et dit en riant :

— Voilà l'auteur de mon portrait, monsieur mon frère !

— Miss Mary ! — s'écria Gérard.

— Oui, Monsieur, — répondit Alphonsine.

Et elle ajouta tout bas, mais de façon à ce que la jeune Irlandaise pût l'entendre aussi :

— J'espère que maintenant vous ne m'écrirez plus : *Est-ce qu'elle dessine un peu,* TA *miss Mary ?*

L'institutrice sourit à cette malice de son élève, et Gérard, se voyant trahi par sa sœur, confus, mécontent de lui-même, ne put que balbutier quelques paroles d'excuses et de remerciement, en rougissant plus qu'il n'avait encore rougi ; il ne put même contenir un léger mouvement d'impatience en reprenant le portrait de sa sœur des mains de M. de Blancourt, qui le lui rendit en lui disant à l'oreille :

— Vous êtes pardieu ! un heureux mortel ! cette délicieuse créature fait pour vous en secret le portrait de votre sœur, et c'est presque le vôtre, car vous lui ressemblez. Ah ! jeune homme ! jeune homme ! si vous saviez...

Puis s'interrompant, il ajouta :

— Mais, hélas ! hélas ! je vous l'ai dit : Aux innocents les mains pleines.

Gérard, à cette seconde allusion sur son

innocence, se campa fièrement sur la hanche, se rappelant fort à propos que, depuis deux ans, l'illustre Bertrand lui donnait des leçons d'escrime, et il chercha quelque mot très impertinent à répondre à M. de Blancourt. Mais tandis que le pauvre Gérard cherchait encore son impertinence, le jeune élégant lui tournait le dos et il l'entendait dire à miss Mary :

— Mademoiselle, lorsqu'on est aussi excellente musicienne que madame Malibran, il n'est pas permis de peindre le portrait comme madame de Mirbel... D'honneur, c'est accaparer les supériorités en tous genres, et humilier les femmes qui n'auraient pour elles que la plus exquise beauté.

— Mon Dieu ! est-il heureux, ce M. de Blancourt, de trouver tout de suite de si jolies choses ! — pensa le pauvre Gérard avec un douloureux découragement, en entendant ces banalités de l'irrésistible élégant. — Je dois paraître stupide à miss Mary. Je n'ai pas seulement pu lui dire un mot sur ses talents ni même la remercier du portrait de ma sœur.

. . . .
. . . .

Au concert succéda un bal. Madame de

Morville avait fait venir un orchestre de Tours ; un grand nombre de danseurs s'étaient promis d'inviter miss Mary, mais leur désappointement fut grand, car ils cherchèrent en vain dans les salons.

— Madame, avait dit l'institutrice à madame de Morville en l'attirant pendant quelques instants à l'écart dans un boudoir reculé, — permettez-moi de me retirer. Je me sens fatiguée, souffrante. Le bal se prolongera sans doute fort tard ; veuillez trouver bon que je n'y assiste pas.

— Vraiment, chère miss Mary, vous ne voulez pas rester au bal ? — se hâta de répondre madame de Morville, sans cacher sa joyeuse surprise ; et prenant un ton affectueux qui contrastait avec les dures paroles qu'elle avait adressées à la jeune fille quelques moments auparavant. — Je trouve très bon que vous n'assistiez pas à cette fête, chère miss Mary, si tel est votre désir. Seulement, puisque vous voulez bien me demander mon consentement, permettez-moi d'y mettre une condition.

— Laquelle, Madame ?

— Vous oublierez, vous me pardonnerez, n'est-ce pas, le petit mouvement de méchante humeur que je n'ai pu vaincre,

et dont vous aurez été blessée sans doute ;
l'insuccès d'Alphonsine sera peut-être mon
excuse à vos yeux.

— Madame...

— De cet insuccès, je suis cause, chère
miss Mary ; j'ai hâte de le reconnaître. J'avais, en véritable ignorante, choisi ce malheureux morceau de *Moïse*, et exigé, toujours avec l'entêtement de l'ignorance, que
ma fille exécutât cette partition. Vos prévisions se sont réalisées. Alphonsine, malgré vos excellentes leçons, malgré sa
bonne volonté, la pauvre enfant, a dû
échouer dans cette tâche au-dessus de ses

forces. Je n'ai eu ni le bon sens ni le bon goût de m'avouer le ridicule de mon choix musical, et je me suis oubliée jusqu'à vous adresser de dures paroles, dont j'ai honte à cette heure. Pardonnez-les-moi, chère miss Mary.

— Ah! Madame, de grâce, pas d'excuses. Je ne me souviens que de ce que vous avez dû souffrir, en ne voyant pas Alphonsine répondre dans cette circonstance à ce que vous pouviez attendre d'elle, sans qu'il y eût pourtant à la blâmer.

— Miss Mary! miss Mary! dit mademoiselle de Morville en accourant toute joyeuse auprès de sa mère et de l'institutrice. — Mais vous vous cachez donc ? tout le monde vous demande, vous cherche ; j'ai pour vous je ne sais combien d'invitations pour la première contredanse... et la première valse ; le bal durerait deux jours que vous ne pourriez suffire aux sollicitations de tous vos danseurs.., en espérance.

— Chère enfant, je suis très égoïste, — reprit en souriant miss Mary ; — c'est vous qui serez victime de cette furie dansante : je n'ai jamais aimé le bal, et madame votre mère veut bien trouver bon que je rentre chez moi.

— Comment, miss Mary, vous n'acceptez pas au moins quelques contredanses ?

— Pas une.

— Pas une ? Oh! si, il en est une que vous accepterez certainement, chère Mary: Gérard n'ose pas vous inviter ; il m'a avoué que vous lui faisiez peur, et il m'a chargé de vous inviter pour lui.

— Eh bien, je vous promets, chère enfant, de danser avec M. Gérard autant de contredanses qu'il voudra m'en demander.

— Oh ! merci, merci, chère miss Mary, — s'écria la jeune fille pendant que sa mère regardait l'institutrice avec une surprise mêlée d'anxiété.

Je cours porter cette bonne nouvelle à mon frère. Va-t-il être heureux, ce pauvre Gérard !

— Un mot, Alphonsine, — dit miss Mary en prenant son élève par la main. — Je promets les contredanses, mais nous les danserons entre nous, demain, quand vous voudrez. Bonsoir, chère enfant ; amusez-vous beaucoup.

Et miss Mary disparut, malgré les supplications de son élève.

La jeune Irlandaise, avec son tact habituel, avait deviné la jalouse angoisse de madame de Morville, au moment du bal, craignant que sa fille fût encore une fois éclipsée par son institutrice. Aussi, lorsque celle-ci lui fit part de son désir de ne pas assister à la fête, madame de Morville, cédant d'ailleurs à son bon naturel, avait exprimé sincèrement son regret d'avoir cédé à un premier mouvement d'irritation.

Le bal se prolongea jusqu'au jour. Alphonsine y prit part avec la gaîté de son âge. Gérard ne dansa pas ; il se promena une partie de la nuit dans le parc. Au lever du soleil, il vit s'éloigner les dernières voitures des invités.

— Enfin ! — dit-il avec un grand soupir d'allégement. — Les voilà partis ! pourvu que cet odieux M. de Blancourt ne vienne pas voisiner ici ! Je ne sais pourquoi j'ai maintenant cet homme en horreur.

II

II

La fête donnée au château de Morville avait eu, pour des raisons diversement personnelles, des conséquences si peu agréables pour quelques-uns de ses habitants, qu'ils revinrent avec bonheur aux paisibles habitudes de leur vie de famille.

Un matin, quelques jours après le bal, M. de Morville, se trouvant avec sa femme, son fils, sa fille et miss Mary, dit à madame de Morville :

— En appelant Gérard auprès de nous, pendant les deux années qu'il doit passer ici avant d'aller faire son droit à Paris, je me suis imposé des devoirs envers lui. Il faut qu'il complète son instruction ; s'il se livrait seul au travail, il y prendrait moins de goût ; nous travaillerons donc ensemble, ce que j'aurai un peu oublié, je le rapprendrai avec lui ; ses succès me seront doublement chers, puisqu'ils seront un peu mon ouvrage. Gérard a adopté mes projets, et nous trouverons tous deux autant de plaisir que d'intérêt à ces occupations.

Madame de Morville et Alphonsine applaudirent de grand cœur à ce dessein qui leur assurait pour longtemps la présence d'un fils et d'un frère. M. de Morville reprit :

— Mais je ne suffirai pas, seul, à ma tâche ; je puis guider Gérard dans ses lectures classiques ; je puis même évoquer mes mathématiques de Saint-Cyr, mais je n'ai jamais étudié que le dessin géométrique : ce n'est pas vers cette étude que

Gérard est porté par son goût; il m'a même avoué qu'il aurait des velléités de peinture. Vous le voyez donc, miss Mary, continua M. de Morville en s'adressant directement à l'institutrice, — il faut que vous veniez à notre secours. Permettez à Gérard d'assister aux leçons de sa sœur, de profiter de vos excellents avis; ce ne sera là que le moindre des services dont nous vous sommes et vous serons toujours si obligés; mais il ajoutera encore, s'il se peut, à notre reconnaissance.

Miss Mary donna son adhésion à ce projet par un signe de tête affirmatif. Alphonsine, ravie de l'idée d'avoir désormais dans son frère un émule et un compagnon de travail, ajouta, l'infatigable qu'elle était :

— Ce n'est pas tout, il manque encore un article au traité que le père et le fils ont passé ensemble.

— Et quel article ?

— Le voici : M. Gérard assistera pareillement à la leçon de chant de mademoiselle Alphonsine, et mettra à sa disposition, soit pour l'exercer à accompagner, soit pour l'aider dans les duos et les trios, la voix de baryton dont il a l'agrément de jouir depuis peu de temps.

Est-il besoin de dire que miss Mary se rendit avec son obligeance accoutumée au désir d'Alphonsine ?

Les projets formés furent ponctuellement suivis ; l'on en retirait tout le profit désirable, la famille vivait dans une harmonie parfaite ; madame de Morville semblait avoir complètement renoncé à ses crises de jalousie ; elle avait même prié l'institutrice, dont elle appréciait de plus en plus l'excellent esprit et le rare bon sens, de donner quelques sages avis à Gérard, dont l'humeur se montrait parfois inégale, chagrine et taciturne, conjurant l'institutrice d'user, sur son fils, de l'empire qu'elle semblait prendre de jour en jour sur lui.

Rien, en effet, de plus empressé, de plus docile que Gérard dans ses relations avec miss Mary ; ses progrès en musique, en dessin avaient été aussi rapides, aussi remarquables que ceux de sa sœur.

— Les arts, — disait-il, — avaient réellement plus d'attrait pour lui que les travaux littéraires et classiques dont il s'occupait avec son père.

Cependant si miss Mary, en se promenant avec Gérard et Alphonsine, car il était de toutes les récréations, lui faisait sentir qu'il devrait, par plus d'efforts, reconnaître les soins que son père prenait de son instruction, Gérard promettait une semaine exceptionnelle d'études classiques et il tenait parole ; mais à la condition que l'heure de la leçon de dessin se prolongerait et que Miss Mary lui ferait étudier un solo ou quelque morceau dont il compromettait l'ensemble.

Parmi les heureux changements survenus dans le caractère de Gérard, sa famille avait remarqué sans inquiétude que de tapageur et emporté qu'il était, il était devenu calme et rêveur.

Cette rêverie était même allée, mais en secret, jusqu'à un essai poétique dont le jeune auteur fit confidence à miss Mary. La forme était virgiléenne, une élégie en dialogue ; moins pastorale que son modèle classique, mais un peu plus amoureuse. Miss Mary se récusa comme juge, engageant instamment l'auteur à communiquer cette première tentative à son père, dont il devait attendre d'excellents avis. Gérard n'ayant pas redit à l'institutrice l'avis de M. de Morville, il ne fut plus question d'élégies. Cependant le jeune poëte essaya encore une romance dont il composa la musique. Miss Mary, à sa prière, chanta la mélodie, sans dire les paroles, et lui corrigea avec beaucoup de soin les fautes d'harmonie. Gérard fut encore moins heureux pour son premier dessin *d'après nature.* Un jour l'institutrice crut remarquer que, placé pendant la leçon en face de sa sœur, dont il était séparé par une large table où reposait le pied des modèles, Gérard tournait très souvent les yeux du côté où elle, miss Mary, se tenait ordinairement assise près d'Alphonsine; le crayon du jeune artiste paraissait courir alors sur un papier plus petit, posé à l'extrémité supérieure du carton ; le hasard voulut que miss Mary, en rendant à Gérard son dessin après quelques observations, laissât tomber le carton. En tombant il s'ouvrit, et tous les papiers qu'il contenait volèrent sur le parquet. Alphonsine s'empressa de les ramasser avant que Gérard eût pu quitter sa place ; il allait en saisir un que sa sœur tenait et regardait en souriant, lorsque celle-ci, esquivant l'élan de la main du jeune garçon, s'écria joyeuse et riante :

— Oh ! miss Mary, votre portrait !

— Donne donc, Alphonsine ! — disait Gérard en rougissant jusqu'aux oreilles ; — rends-moi donc ce papier. Tu es insupportable !

Les réclamations de Gérard furent trop tardives ; déjà le dessin était sous les yeux de l'institutrice, qui réclamait le droit de vérifier si son élève lui faisait honneur.

— Il y a quelque chose... quoique ce ne soit pas flatté, — disait Alphonsine, regardant par-dessus l'épaule de sa maîtresse, tandis que Gérard, muet de confusion, était retourné à sa place.

— L'ensemble est assez bon, — répondit miss Mary en souriant, — mais les détails ne sont pas suffisamment arrêtés.

Ce disant, l'institutrice, se servant de

son crayon, parut accuser plus vigoureusement les contours et les plans du visage. Au premier trait, Alphonsine se récria; mais miss Mary se tournant vers elle avec un malicieux clignement d'œil :

— Est-ce que vous ne me permettez pas, chère Alphonsine, de faire à l'esquisse de M. Gérard des corrections qui sont doublement dans mon droit et comme modèle et surtout comme maîtresse de dessin?

En parlant ainsi, la coiffure du portrait et le portrait lui-même s'étaient transformés sous le crayon facile de miss Mary.

Alphonsine tenait une main sur sa bouche afin de comprimer une terrible envie de rire ; son frère, muet et désolé, n'osait lever les yeux.

L'œuvre de métamorphose entreprise par miss Mary était achevée.

— C'est admirable de ressemblance ! — s'écria Alphonsine ; — c'est merveilleux !

Et, saisissant le papier, elle le posa un moment sous les yeux de son frère, en lui criant à l'oreille :

— Pivolet! c'est une vraie Pivolet! une superbe Pivolet! prise sur le fait. Vois, comme elle est majestueuse! Elle a l'air de méditer quelque nouvelle imagination. C'est délicieux!

Puis, enlevant l'esquisse dont Gérard avait détourné le regard avec une douloureuse confusion, elle sortit en courant.

La leçon terminée, miss Mary rangea les cartons avant de quitter le cabinet d'études. Etonnée du silence et de l'immobilité de Gérard, elle se retourna : le pauvre coupable n'avait pas quitté sa place; de grosses larmes coulaient sur ses joues ; il semblait si humilié, si désolé, que miss Mary regretta l'innocente malice qu'elle s'était permise, et dit au frère de son élève avec grâce et bonté, en lui tendant cordialement la main :

— Monsieur Gérard, faisons la paix. Je vous promets d'expier mon méchant tour en m'occupant dès demain du portrait de madame votre mère, que je vous offrirai en pendant de celui d'Alphonsine. Peut-être, à ce prix, me pardonnerez-vous d'avoir pris un instant les traits de madame Pivolet.

— Ah ! miss Mary, — s'écria Gérard en

saisissant la main charmante que l'institutrice lui tendait fraternellement ; ah ! miss Mary, que de bonté ! Si vous saviez... ce portrait que j'ai fait de vous... c'est que, malgré moi...

— Comment, monsieur Gérard ! — reprit en riant la jeune fille, — vous avez fait mon portrait malgré vous ? cela, je vous l'avoue atténue un peu vos torts. Aussi, — aujouta-t-elle avec un grand sérieux, — je vous promets, cette fois, de ne pas vous donner de *mauvais point*.

Et miss Mary quitta la salle de dessin où elle laissa Gérard.

— Ah ! — s'écria-t-il avec désespoir, — je ne serai jamais pour elle qu'un écolier ! Mon Dieu ! mon Dieu ! Je voudrais mourir !

Alphonsine, emportant l'esquisse métamorphosée en Pivolet, eut bientôt rejoint la femme de charge à la lingerie.

— Tiens ! regarde et admire, — dit-elle à sa nourrice, — j'espère que tu es contente ?

— Vraiment, c'est vous qui avez dessiné cela, mademoiselle Alphonsine ? — dit la Pivolet en souriant à son image avec com.

plaisance..— On est mauvais juge de soi-même; mais il me semble que c'est fort ressemblant.

— Tu me supposes un talent que je n'ai pas encore.

— C'est donc M. Gérard qui est l'auteur du portrait? — demanda la femme de charge.

— Le fond est de lui, si tu veux,—reprit Alphonsine, — mais la main savante qui a donné la ressemblance, la vie à ce magnifique portrait, c'est la main de miss Mary.

— Vraiment! elle daigne faire le portrait d'une pauvre femme comme moi? — répondit madame Pivolet avec une hypocrite bénignité; — c'est d'un bon cœur, et comme les bonnes actions sont tôt ou tard récompensées... Enfin, suffit!... patience; qui vivra verra.

— Quoi! qu'est-ce qu'on verra? Tu n'as plus maintenant que ce mot-là à la bouche.

— Mademoiselle, je ne peux vous en

dire davantage. On me traiterait de tireuse de cartes. Rappelez-vous comme votre père m'a rabrouée parce que je disais que les médecins ne guérissaient pas la femme du vieux berger, vous savez, la mère Chênot?

— Oui, la mère Chênot,—reprit en riant Alphonsine; on lui avait jeté un sort, n'est-ce pas?

—Un si terrible sort, mademoiselle, que ce que je prédisais est arrivé : les visites du médecin n'ont rien fait; la mère Chênot est toujours clouée sur son lit.

— Par une raison toute simple : c'est que sans doute la guérison doit être lente.

— Bon ! bon !

— Ainsi, tu persistes à croire, ma pauvre Pivolet, que l'on a jeté un sort à la femme du vieux berger ? A ton âge, croire de pareils contes !

— A mon âge, on sait beaucoup de choses.

— Mais, folle que tu es, sais-tu seulement ce que c'est qu'un sort ? Et puis, qui veux-tu qui ait jeté un sort à cette malheureuse femme?

— Qui?

— Oui.

— Vous me demandez qu'est-ce qui a jeté un sort à la mère Chênot?

— Oui, voyons.

— Une personne malfaisante et diabolique, comme toutes les personnes qui jettent des sorts au pauvre monde. Cela vous fait rire ?

— Oh ! de tout mon cœur.

— Suffit, je m'entends, qui vivra verra.

— Pivolet, je ne te reconnais plus ; tu deviens d'une réserve, d'une sagesse effrayantes, — reprit en riant la jeune fille. — Tu es maintenant d'une avarice désolante en ce qui touche ces superbes inventions dont tu étais si prodigue. Tu ne nous causes plus de ces délicieuses surprises qui nous divertissaient si fort. Depuis quelque temps, tu es taciturne comme un véritable conspirateur.

— Patience! mademoiselle, qui vivra verra. Je garde ce portrait de mademoiselle miss Mary, ça me fera souvent penser à elle, — ajouta la femme de charge avec un sourire étrange ; — ça m'empêchera de l'oublier. Je vais la clouer à quatre épingles sur le papier de ma chambre.

— Comment? — reprit Alphonsine en riant aux éclats, — tu vas clouer ma pauvre miss Mary à quatre épingles?

— Vous avez raison, mademoiselle, ce

n'est pas assez de quatre épingles, il en faudrait cent, il en faudrait mille, et les bien enfoncer jusqu'à la tête !

— A la bonne heure ! — dit Alphonsine en redoublant d'hilarité, — je reconnais là ma Pivolet d'autrefois !

— Qui vivra verra, — grommela la femme de charge en hochant la tête.

La venue de miss Mary, qui cherchait son élève, interrompit l'entretien d'Alphonsine et de madame Pivolet qui, voyant les deux jeunes filles s'éloigner, murmura d'un air profondément courroucé :

— Oui, oui, la belle Anglaise ! ce n'est pas seulement ton portrait que je perce à coups d'épingle, c'est toi-même ! Tu es trop fière pour avoir l'air de les sentir, ces coups d'épingle, et trop fière encore pour jamais t'en plaindre, ce qui me va comme un gant. D'abord, je t'ai forcée à te servir toi-même, en stylant Thérèse à te rendre son service insupportable... coups d'épingle ! Tu aimes à prendre ta tasse de thé le matin : tantôt je ne mets pas de sucre dans ton sucrier, tantôt je fourre de petites ordures dans ta boîte à thé... coups d'épingle ! Les draps que je te donne, j'ai soin de les rendre très humides, et de leur donner une très mauvaise odeur en les *repassant*, la veille, avec une éponge légèrement imbibée d'eau de vaisselle... coup d'épingle ! Jacques est chargé de cirer tes brodequins; il me les apporte de temps à autre, quand ils sont neufs, et j'y fais près de la semelle une petite fente avec une pierre à fusil bien tranchante : ça imite la coupure d'un caillou, et comme tu es trop fière pour porter des brodequins rapiécés, je te ruine en chaussures, la belle Anglaise, vu que tu es obligée de t'entretenir sur tes gages. Tu en as encore été le mois passé pour trois paires de brodequins... Coups d'épingle, coups d'épingle ! Tu es nippée tout juste ; tu as si peu de linge, quoique tu te donne des airs de duchesse, que l'on est obligé de savonner pour toi, à la maison, toutes les semaines. Or, je me suis entendue avec Marianne pour qu'elle mette tant d'eau de Javelle dans ton blanchissage, que ton linge en devienne comme de l'amadou, tant il sera brûlé. Après quoi Marianne l'étend bien gentiment sur des haies d'épines pour le faire sécher. Aussi elle te le rend *brodé à jour !* Coups d'épingle ! Il s'en suit que la semaine dernière tu as été obligée d'acheter de quoi te faire une douzaine de chemises neuves, et, par avarice, tu les a coupées et cousues toi-même pendant tes nuits. Je l'ai bien vu à tes bougies; aussi, j'ai dit à Jacques de ne plus remettre de bougies dans tes flambeaux durant deux ou trois jours. C'est ça qui t'aura dû vexer. Coup d'épingle ! Enfin, avant-hier, il t'en a remis ; mais nous avons eu bien soin de tremper les mèches dans l'eau avant que tu viennes te coucher. Ça aura encore été pour toi une nuit de perdue. Coup d'épingle ! Et pour le repas, c'est encore là que je te pince ! Grâce à mon ami Julien, le maître d'hôtel, c'est lui qui sert, et il ne te donne jamais que les plus mauvais morceaux des mets que tu n'aimes pas et il oublie toujours de te servir des plats que tu aimes... Le *plum-pudding,* par exemple, ce ragoût de ton pays, que nos maîtres ont eu la bassesse de commander au cuisinier pour te flatter, tu n'en as pas une fois sur quatre de ce ragoût anglais ; et quand, par hasard, monsieur, madame ou mademoiselle s'aperçoivent que tu n'es pas servie et qu'on te dit : — Comment, miss Mary, vous ne mangez pas de pudding? — Toi, plutôt que d'avoir l'air d'être oubliée, tu réponds avec ton orgueil endiablé : — « Je vous remercie, je n'ai plus faim. » — Mais, au fond, tu rages de gourmandise... Coup d'épingle ! coup d'épingle ! — Voilà ce que c'est que de faire la princesse avec les domestiques, et de les humilier par des pourboire qui ressemblent à des aumônes ? N'as-tu pas eu le front de leur donner à chacun 5 francs pour leurs étrennes ? tandis que cette bonnasse de mademoiselle Lagrange donnait 10 francs et était très familière...

Ça n'a pas empêché qu'on ne lui ait fait aussi des misères, parceque nous n'aimons pas, nous autres, ces amphibies d'institutrices, qui ne sont ni chair ni poisson, ni maîtres ni domestiques, et qui nous méprisent par leur position ; mais ce que la Lagrange endurait, c'était des roses auprès de ce que tu endures, et ce que tu endures, ce sera des roses auprès de ce qui t'attend... Mais le jour n'est pas venu ; je sais ce que je sais ; j'ai bon œil et bonne oreille... rien ne m'échappe, à moi. Patience ! patience ! la chose n'est pas mûre, et je ne veux pas me faire mettre à la porte... Mais, suffit !... qui vivra... verra !

Madame Pivolet, en jetant ce regard rétrospectif sur le passé, n'exagérait rien.

Miss Mary, depuis son séjour au château de Morville, avait été en butte à ces mille petites vexations sur lesquelles elle avait gardé le silence, autant par dignité que par compassion pour ces serviteurs qu'un mot d'elle aurait pu faire à l'instant renvoyer de la maison. Les seules persécutions dont elle avait été péniblement affectée étaient celles-là qui l'obligeaient à de continuelles dépenses pour son entretien, car, pour remplacer les objets méchamment perdus ou détériorés, il lui fallait prendre sur ses appointements qu'elle mettait religieusement de côté pour sa famille. Le cœur lui saignait en songeant que ces inutiles dépenses réduisaient d'autant la somme déjà presque insuffisante qu'elle envoyait chaque mois à son père. Jamais, d'ailleurs, miss Mary, de crainte de les affliger sur son sort, n'avait instruit ni les siens ni Henri Douglas des sourdes et continuelles hostilités dont elle était l'objet au château de Morville de la part des gens de la maison. Souvent, bien souvent, elle avait durant la nuit dévoré des larmes amères ; mais, en présence de M. et de madame de Morville, ou de leur fille, elle apportait toujours un visage paisible et content.

Ainsi s'accomplissait la première partie des prédictions de Henri Douglas.

L'avenir devait prouver que le fiancé de

miss Mary n'avait que trop prévu toutes les cruelles épreuves auxquelles la jeune institutrice devait être soumise.

III

III

Vers le commencement de septembre, environ trois mois après la fête donnée au château de Morville, l'on devait faire, chez madame de Noirfeuille, une grande ouverture de chasse suivie d'un bal. Madame de Morville avait été invitée avec toute sa famille, ainsi que miss Mary, cette *perle* des institutrices, cette charmante virtuose que l'on espérait posséder. Miss Mary n'accepta pas cette invitation pour deux raisons : d'abord, afin de ne pas exciter la jalousie maternelle de madame de Morville, qui s'était montrée si cruellement blessée du succès de son institutrice, lors du concert où elle avait dû, forcément, se faire entendre ; ensuite, parce que, depuis quelque temps, sa santé s'était altérée. Si dédaigneuse que fût la jeune fille des sournoises méchancetés dont elle était incessamment l'objet, si grand que fût son empire sur elle-même, ces milliers de *coups d'épingle,* ainsi que disait madame Pivolet, finirent par devenir une plaie douloureuse pour la pauvre étrangère. A ces pénibles ressentiments se joignit la nostalgie, le *mal du pays*. Puis, sans se rendre compte de cette impression, il lui semblait, si cela se peut dire, que l'atmosphère s'épaississait de jour en jour autour d'elle. Elle se sentait gênée, oppressée ; son instinct lui disait que sa position dans cette maison devenait fausse. Jamais cependant M. de Morville ne lui avait adressé une parole qui s'écartât des plus respectueuses convenances, et elle ne pouvait soupçonner cette folle passion que le père d'Alphonsine dissimulait avec tant de soin et d'empire sur lui-même. Plus clairvoyante à l'égard de Gérard, miss Mary s'était aperçue, sans trop s'en émouvoir, et presque en s'en félicitant, de l'heureuse influence qu'elle exerçait sur le frère d'Alphonsine ; car de cette influence l'institutrice avait jusqu'alors su tirer un excellent parti. D'abord, Gérard, pour mériter l'approbation de miss Mary, s'était perfectionné dans ses études, puis il s'était encore insensiblement façonné à ces manières polies et prévenantes, à ces délicatesses de savoir-vivre dont on ne se déshabitue jamais lorsqu'elles sont prises au début de notre carrière. Cependant, sans croire aucunement avoir inspiré de l'amour à cet adolescent, l'institutrice commençait à éprouver une sorte d'embarras dans ses relations avec lui, elle se voyait obligée de le traiter moins en enfant. En un mot, sans l'impérieuse nécessité où elle se trouvait de conserver son emploi pour venir en aide à sa famille, miss Mary eût quitté cette maison, non sans un vif regret de se séparer d'Alphonsine. Ces inquiétudes, ces craintes vagues mais pénibles, jointes aux causes que nous avons énumérées, finirent par altérer la santé de la jeune fille. Mais elle garda courageusement le secret de ses souffrances. Elle n'avoua qu'une légère indisposition, raison suffisante à excuser son refus d'accepter l'invitation de madame de Noirfeuille.

M. de Morville, de son côté, objecta ses habitudes réglées, si nécessaires à sa santé ; d'ailleurs il ne chassait plus depuis longtemps. Quant à Gérard, en sa qualité de *Nemrod* débutant, il préférait, disait-il, au lieu d'aller se perdre dans une foule de tireurs consommés qui lui voleraient sa gloire et son plaisir, ouvrir, sans faste, avec un des gardes de son père, la chasse sur les terres de Morville, sûr, ainsi, de n'être pas un objet de raillerie, d'avoir les conseils d'un chasseur expérimenté et de rapporter du gibier. Telle fut du moins, l'excuse, après tout plausible, donnée par Gérard pour ne pas accompagner sa mère et sa sœur.

Il fut donc convenu que madame de Morville et Alphonsine iraient seules chez madame de Noirfeuille. M. de Morville, Gérard et miss Mary resteraient au château pendant les dix jours que les fêtes de l'ouverture de la chasse devaient se prolonger. Nous dirons plus tard comment ces fêtes devaient aussi servir de prétexte à certaine rencontre depuis longtemps préparée en secret par M. et madame de Morville.

Alphonsine faisait, en cette circonstance, son entrée dans le monde; elle demandait des avis à sa mère, à miss Mary, et, quinze jours à l'avance, elle rêvait aux plaisirs qui l'attendaient.

Une seule chose, cependant, attristait la

chère enfant : miss Mary semblait souffrante ; sa pâleur, son affaiblissement, qu'elle ne pouvait cacher malgré son courage, inquiétaient la famille de Morville ; mais l'institutrice assura que son indisposition était fort légère. L'absence d'Alphonsine, ajoutait l'institutrice, lui permettrait de prendre des vacances d'une huitaine de jours, et ce repos absolu rétablirait certainement sa santé.

Alphonsine, après avoir tendrement embrassé miss Mary, partit avec sa mère ; de ce moment l'institutrice ne quitta plus sa chambre. Chaque matin, et plusieurs fois dans la journée, M. de Morville envoyait s'informer de la santé de la malade, et quoique celle-ci se fût plusieurs fois refusée à prendre les conseils d'un médecin, elle consentit à recevoir celui que M. de Morville lui envoya.

— Miss Mary, — dit le docteur, — sans être gravement indisposée, a cependant une assez forte fièvre. Cette fièvre est inquiétante, surtout comme symptôme, plusieurs maladies dangereuses débutant de la sorte. Mais si la fièvre cesse, l'indisposition n'aura aucune suite.

Gérard, n'ayant que par son père des nouvelles de l'institutrice, profitait des prétextes d'absence que lui offrait son prétendu goût pour la chasse. Il partait le matin et ne rentrait que le soir, ne voulant être accompagné de personne, et s'excusant sur sa maladresse, il revenait toujours son carnier vide. Le dîner se passait, silencieux et triste, entre M. de Morville et son fils; tous deux soucieux, préoccupés, semblaient craindre de se mutuellement interroger sur la cause de cette préoccupation qui ne pouvait cependant leur échapper ni à l'un ni à l'autre. Le rapport du médecin sur la santé de miss Mary faisait seul les frais de l'entretien. Le dîner terminé, Gérard se disait harassé de fatigue, et M. de Morville remontait chez lui.

Les jours se succédaient ainsi. La santé

de miss Mary commençait de donner de vives inquiétudes au médecin ; il parlait de la possibilité d'une fièvre typhoïde. La jeune fille avait écrit de son lit à M. de Morville pour le supplier de ne pas instruire sa femme et sa fille de la gravité de son indisposition, craignant d'alarmer Alphonsine et de nuire ainsi à ses plaisirs. M. de Morville se conforma aux désirs de miss Mary. D'ailleurs, dans de telles circonstances, la présence de sa femme et de sa fille l'eût embarrassé. De temps à autre, Alphonsine écrivait à son frère et lui parlait avec un naïf enthousiasme des plaisirs qui se succédaient autour d'elle, lui faisant aussi le portrait de plusieurs hôtes du château de Noirfeuille. A ce propos, elle lui écrivait ainsi dans l'une de ses dernières lettres :

« Parmi les personnes invitées chez ma-
« dame de Noirfeuille, il en est une sur-
« tout qui a beaucoup plu à ma mère; elle
« le connaissait déjà de réputation (cette
« personne est *un monsieur*). Ce qui m'a
« peut-être fait partager l'avis de maman
« sur *ce monsieur*, c'est que j'ai su qu'il
« avait été ton camarade de collége; mais
« comme il a cinq ou six ans de plus que
« toi, il était dans les *grands* quand tu
« étais encore dans les *petits*. N'espère pas
« que je te dise son nom; je suis en train
« de jouer aux mystères, même avec l'in-

« connu, qui, du reste, ne le sera pas long-
« temps pour toi, car ma mère l'a invité,
« quand il quittera le château de madame
« de Noirfeuille, à venir passer avec toi
« quelques jours, afin que vous renouve-
« liez connaissance. L'on nous avait dit
« que depuis un an l'*inconnu* était livré à
« une sombre tristesse ; mais il n'y paraît
« plus beaucoup maintenant, et sauf une
« certaine mélancolie qui contraste avec
« la bruyante gaîté des autres personnes
« et ne me déplaît pas du tout, il est im-
« possible de se montrer plus aimable,
« plus prévenant que *le monsieur*. Aussi je
« trouve que ma mère a eu une très bonne
« idée en l'invitant à venir passer quel-
« que temps avec nous. Mon père sera

« instruit de cette invitation par le même
« courrier qui te porte cette lettre ; mais
« n'interroge pas mon père sur le nom
« que je te cache : il a *ordre* de ne te rien
« dire et de garder encore deux autres se-
« crets.

« Adieu, sois très tourmenté de ta cu-
« riosité ; c'est un moyen de te faire dési-
« rer notre retour. Dans la lettre que j'ai
« écrite à miss Mary, j'ai oublié de lui dire
« que tout le monde ici me charge de
« compliments pour elle. J'en suis toute
« fière, et je les envoie avec ma pensée à
« cette bonne et charmante amie, qui m'a
« rendu l'étude si douce et les années de

« travail si heureuses. Dis-lui enfin, com-
« me toujours, que je l'aime du fond du
« cœur. »

M. de Morville reçut, par le même courrier, cette lettre de sa femme :

« J'espère, mon ami, que tout réussira
« selon nos désirs ; ainsi que je te l'ai déjà
« dit dans ma dernière lettre, je crois que
« nous devons de plus en plus nous ap-
« plaudir de notre résolution ; elle était
« prudente, et, au pis-aller, si rien ne s'é-
« tait conclu, nous aurions ménagé la sus-
« ceptibilité de ton vieil ami et de son fils,

« dont je suis vraiment enchantée. Mais,
« Dieu merci, nous ne pouvons plus avoir
« cette crainte. M. Théodore de Favrolle
« a été d'une parfaite franchise, et hier
« nous avons causé *à fond*. Voici à peu
« près ce qu'il m'a dit :

« — Je ne vous le cache pas, madame,
« j'ai été pendant plus d'une année, en
« proie à une passion profonde, passion
« aussi insensée qu'elle a été malheureuse
« et inutile, puisque la personne qui me
« l'avait inspirée l'a toujours ignorée. Mon
« père, à cette époque, m'a plusieurs fois
« parlé de projets de mariage : j'ai tou-
« jours refusé, d'abord parce que j'étais

« amoureux, puis parce qu'il me semblait
« indigne d'un honnête homme de se ma-
« rier n'ayant pas le cœur libre.

« Le temps, la réflexion aidant, j'ai re-
« connu la folie de cet amour ; il s'est peu
« à peu éteint et il ne m'en reste qu'une
« extrême lassitude de la vie de garçon et
« un ardent désir de goûter les douces
« joies de la famille. Mon père me voyant
« dans ces dispositions, est revenu à son
« projet favori, mon mariage avec made-
« moiselle de Morville. J'ai accepté cette
« espérance avec bonheur, si, toutefois, je
« pouvais être agréé par mademoiselle
« votre fille, ne doutant pas qu'elle réunît

« toutes les qualités désirables. Mon es-
« poir a été dépassé; aussi, je regarderai
« comme le plus beau jour de ma vie celui
« où j'aurai l'honneur d'entrer dans votre
« famille. Mon père, d'accord avec vous,
« monsieur et madame de Morville, a cru
« qu'avant de faire connaître vos projets
« à mademoiselle Alphonsime, il serait
« bon qu'elle me vît et me connût, non
« comme prétendant, mais comme étran-
« ger, afin de ménager ma susceptibilité
« dans le cas où je n'aurais pas le bonheur
« de plaire à mademoiselle votre fille. J'ai
« senti la parfaite délicatesse de ce pro-
« cédé, madame; je vous en suis profon-
« dément reconnaissant. Mon invitation
« chez l'un de nos amis communs, M. de

« Noirfeuille, était un excellent prétexte à
« cette rencontre. Puisse-t-elle m'avoir été
« favorable !

« J'ai répondu à M. de Favrolle ce qui
« était vrai : c'est que Alphonsine, adroi-
« tement interrogée par moi, le trouvait
« fort de son goût et avait été touchée des
« prévenances qu'il lui avait témoignées.
« La pauvre enfant, assez insoucieuse jus-
« qu'ici de la coupe de ses robes et de sa
« coiffure, se recherche maintenant dans
« sa toilette. Elle s'occupe beaucoup de
« ce que pense ou dit d'elle M. de Fa-
« vrolle, et son premier regard est tou-
« jours pour lui dès qu'il entre dans le

« salon. Somme toute, mon ami, ils se
« conviennent parfaitement. Ce matin en-
« core, M. de Favrolle me suppliait de
« faire part de nos vues à Alphonsine,
« m'assurant que l'épreuve avait assez
« duré, et qu'une fois accueilli par nous
« comme prétendant, il jouirait d'un peu
« plus de familiarité auprès d'Alphonsine,
« et pourrait alors lui parler à cœur ou-
« vert. Tout cela était exprimé en si bons
« termes et avec un accent si pénétré que,
« malgré ma promesse de ne pas donner
« ma parole sans te consulter, j'ai été sur
« le point de dire *oui* à M. de Favrolle.

« J'attends donc, pour dire ce *oui*, ton

« autorisation par le prochain courrier.
« Je l'attends avec d'autant plus d'impa-
« tience, qu'une certaine madame Desma-
« zures, qui a une fille à marier, me sem-
« ble avoir jeté son dévolu sur M. de Fa-
« vrolle. Elle l'obsède, elle le pourchasse,
« et comme sa fille est fort jolie et nulle-
« ment timide, j'aimerais mieux que nos
« projets de mariage fussent convenus et
« proclamés ouvertement ; cela mettrait
« un frein à l'ardeur de cette madame Des-
« mazures.

« Voici enfin une autre preuve que
« M. de Favrolle est loin de déplaire à
« Alphonsine. Tu le sais, la pauvre enfant

« n'a de sa vie dit de méchancetés sur
« personne. Eh bien, elle tourne à l'ai-
« greur lorsqu'elle parle de cette madame
« Desmazures, et surtout de sa fille, qui
« fait à M. de Favrolle des agaceries de la
« dernière inconvenance : c'est au point
« que ce matin j'ai trouvé notre chère en-
« fant toute en larmes. Je lui ai demandé
« la cause de ce chagrin ; elle a prétexté
« une migraine ; mais je me suis souvenue
« qu'hier soir cette impertinente petite
« Desmazures, au moment où l'on allait
« danser au piano, avait eu l'effronterie de
« venir dire à M. de Favrolle, qui causait
« avec nous :

« — Eh bien ! monsieur de Favrolle,

« vous oubliez que je vous ai accordé la
« première contredanse ?

« Ce pauvre M. de Favrolle, ainsi pro-
« voqué à brûle-pourpoint, a bien été
« obligé d'accepter l'invitation de cette
« impudente ; mais il m'a dit tout bas :

« — Je vous prie de croire, madame,
« que si j'avais voulu danser, j'aurais
« prié d'abord mademoiselle Alphonsine
« de me permettre de l'engager.

« Notre chère enfant a été toute la soi-
« rée d'une tristesse mortelle (car je crois,

« entre nous, qu'elle sera très jalouse). Ce
« matin, je te le répète, je l'ai trouvée tout
« en larmes !

« Tu le vois, mon ami, il faut nous hâter
« de prendre un parti. Les Noirfeuille me
« supplient de leur accorder quelques
« jours encore. Je n'y vois pas, quant à
« moi, d'inconvénient. Tu décideras ;
« mais, je te l'avoue, je voudrais assez pro-
« longer mon séjour ici pour faire crever
« d'envie cette madame Desmazures. N'a-
« t-elle pas honte de jeter à la tête des
« gens son effrontée fille, capable d'enga-
« ger les hommes qui ne songent pas à la
« faire danser ! Une fois M. de Favrolle

« admis près de nous comme *futur,* toutes
« les Desmazures du monde, voyant qu'il
« n'y a rien à faire pour elles, enrage-
« raient. Ce serait leur punition, et, ma
« foi, j'en jouirais avec délices.

« Adieu, mon ami, embrasse Gérard, et
« réponds-moi courrier par courrier.

« L. DE M. »

« J'oubliais d'abord de te demander des
« nouvelles de miss Mary, dont l'indispo-
« sition n'aura pas de suites, je l'espère ;
« puis, de te faire part d'une folle idée

« d'Alphonsine. Tu sais que M. de Fa-
« vrolle a été le protecteur de miss Mary
« pendant son voyage de Calais à Paris, et
« qu'elle nous a souvent parlé de lui de-
« vant Alphonsine avec autant d'estime
« que de reconnaissance. Sais-tu ce que
« cette chère enfant a imaginé ? De cacher
« à M. de Favrolle qu'elle a miss Mary
« pour institutrice, afin de jouir de leur
« surprise à tous deux, lorsqu'ils se re-
« connaîtraient en se rencontrant chez
« nous. C'est un enfantillage auquel je ne
« vois aucune objection ; j'ai pris sur moi
« de promettre à Alphonsine que toi et
« moi nous serions ses *complices*. — Ah!
« j'oubliais un autre mystère encore ; j'ai,
« selon que nous en étions convenus, in-

« vité M. de Favrolle à venir passer quel-
» ques jours chez nous. Alphonsine, sa-
« chant qu'il a été au collége avec Gérard,
« désire que tu ne l'avertisses pas de cette
« invitation, afin de jouir aussi de la sur-
« prise de son frère. J'ai encore promis
« d'être complice; ne trahis donc pas
« notre secret, et surtout réponds-moi
« vite. Les Desmazures me sont insuppor-
« tables avec leurs impertinentes préten-
« tions. »

M. de Morville consentit à ce que sa femme lui demandait : elle prolongea son séjour chez madame de Noirfeuille, et les projets de mariage entre Alphonsine et

M. de Favrolle furent rendus publics. M. de Morville ne vit non plus aucun inconvénient à se rendre *complice* des deux surprises que sa fille voulait ménager à son institutrice et à Gérard.

Miss Mary, après avoir été très gravement malade, entrait en pleine convalescence lorsque madame de Morville, sa fille et M. de Favrolle revinrent de chez madame de Noirfeuille.

La double surprise eut lieu.

Gérard fut très heureux de reconnaître

un ancien camarade de collége dans le fiancé de sa sœur, M. de Favrolle, et celui-ci resta frappé de stupeur en reconnaissant dans l'institutrice de sa fiancée la jeune fille dont il avait été si longtemps et si profondément épris.

DEUXIÈME PARTIE.

I

I

Le parc de Morville était borné au nord par une rivière peu large, mais profondément encaissée; ses eaux rapides baignaient le pied d'un rocher d'une assez grande hauteur, sorte de muraille naturelle au sommet de laquelle s'élevait un pavillon composé de plusieurs pièces, où souvent la famille de Morville venait s'établir pendant des journées entières pour jouir du vaste et délicieux panorama que l'on découvrait en cet endroit.

A cette époque de l'année, le paysage offrait un aspect morne et triste; les arbres, dépouillés de leur verdure, formaient des masses noirâtres à l'horizon, voilé par les brumes d'hiver. L'on était arrivé aux premiers jours de février. Quoique la température fut adoucie, le pavillon des *Rochers*, soigneusement chauffé, recevait de nombreuses visites; mais les visiteurs, au lieu de s'y rendre ensemble, comme des gens qui doublent leurs plaisirs en les partageant, semblaient presque s'éviter en venant dans cette retraite, desservie par deux escaliers, l'un intérieur, l'autre extérieur, et conduisant à un belvédère.

M. Théodore de Favrolle était depuis un quart d'heure assis dans la bibliothèque, située au premier étage; après une longue hésitation il avait écrit un billet qu'il tenait à la main ; il se leva et alla le remettre à son domestique, qui l'attendait dans un petit vestibule.

— Portez cette lettre, — lui dit-il en lui

montrant le nom écrit sur l'adresse ; — vous me rapporterez la réponse; je l'attendrai ici.

Le serviteur s'éloigna, M. de Favrolle se retournait pour entrer dans la bibliothèque, quand il se trouva en face du frère d'Alphonsine.

Gérard n'était plus cet écolier qui cherchait à se donner des apparences d'une mélancolie souffreteuse, heureusement démentie par le frais coloris de son teint. Non, sur son visage pâle et amaigri, se lisaient déjà les traces profondes d'une douleur vraie ; il ne restait rien en lui de l'enfant ou de l'écolier : c'était le jeune homme inaugurant la vie par la souffrance.

— Théodore, je t'attendais, — dit-il à M. de Favrolle.

— Tu m'attendais ? C'est donc toi que j'ai entendu tout à l'heure dans l'escalier qui conduit au belvédère ?

— Non.

— Cependant j'aurais parié que tu dissimulais ton *ascension* en marchant sur la pointe de tes gros souliers de chasse.

Sans rien dire, Gérard lui tendit un pied chaussé à l'ordinaire et dit :

— C'est un des gens de la maison qui sera monté au belvédère.

— Peu importe, reprit M. de Favrolle, — mais si tu m'attendais, il y a un quart d'heure que je suis ici; pourquoi n'entrais-tu pas?

— Je t'avais entendu donner l'ordre à

ton domestique d'attendre une lettre ; je voulais être seul avec toi pour te parler.

— Diable ! — répondit M. de Favrolle avec un sourire un peu forcé, — Il paraît qu'il s'agit de quelque chose de grave ?

— De très-grave, — répondit Gérard d'une voix concentrée.

En parlant ainsi, les deux jeunes gens entrèrent dans la bibliothèque, pièce principale du pavillon, éclairée par trois fenêtres s'ouvrant sur la campagne. Dans un coin, l'on voyait un de ces longs hamacs de coton de Lima où l'on cherche le sommeil par un doux balancement, durant les chaudes journées de l'été ; ailleurs, de larges et profonds fauteuils semblaient vous inviter à la lecture ou à la rêverie. C'était là qu'en des jours plus heureux, la famille de Morville se réunissait souvent pour lire en commun quelque ouvrage de choix, ou pour se livrer, après la promenade, aux doux épanchements d'une conversation intime.

M. de Favrolle s'assit devant une table où se trouvait un livre ouvert qu'il n'avait pas lu; Gérard se plaça non loin du fiancé de sa sœur, posa son coude sur la table, appuya son front dans sa main et garda le silence.

— Gérard, — dit M. de Favrolle, — je t'écoute.

— A la fin de l'automne, — reprit Gérard d'une voix grave, — tu as rencontré ma mère et ma sœur chez madame de Noirfeuille ; un ancien projet, formé par mon père et par le tien, a été en partie réalisé ; tu as demandé la main de ma sœur : elle t'a été accordée. Bientôt le bruit a couru que M. Théodore de Favrolle devait épouser mademoiselle de Morville : ceci se passait, je le répète, à la fin de l'automne dernier.

— A quoi bon ces souvenirs?

— Ecoute encore. Fiancé de ma sœur, ma mère dut t'inviter à venir passer quelque temps ici. Tu avais autrefois rencontré en voyage l'institutrice d'Alphonsine; celle-ci, par enfantillage, voulut s'amuser de la surprise que te causerait la rencontre inattendue de cette jeune personne. Toute ma famille se rendit solidaire de cet innocent complot Vint le moment que ma sœur avait ménagé avec tant de soin, et où, riant de tout son cœur, elle vous présenta au déjeuner l'un à l'autre, toi et son institutrice. Le changement qui s'opéra sur tes traits fut subit et profond.

— Tu m'observais donc très attentivement? — reprit M. de Favrolle avec amertume.

Cette question parut embarrasser un moment Gérard; cependant il répondit sans lever les yeux :

— Ma sœur avait trop souvent parlé de la surprise qu'elle attendait de cette rencontre, pour que chacun ne fût pas curieux d'examiner les effets de ce double étonnement.

— Alors chacun a pu remarquer avec quelle parfaite indifférence miss Mary m'a accueilli.

— Je ne parle pas de miss Mary, — répondit Gérard avec une certaine hauteur, tressaillant à ce nom prononcé pour la première fois dans cet entretien ; — je parle de toi, Théodore, et la présence de l'institutrice de ma sœur t'a causé, je l'ai vu, un embarras et un trouble profonds.

— Gérard! — reprit M. de Favrolle, — ceci ressemble fort à un interrogatoire, interrogatoire d'autant plus étrange que je sortais du collége quand tu commençais à y balbutier du latin ; en un mot, depuis six ans je suis un homme... et il y a six mois tu étais encore un écolier.

— Il y a quelque temps, de pareilles paroles m'auraient humilié ou irrité, — reprit mélancoliquement Gérard ; — aujourd'hui, je te l'avoue, j'ai le cœur rempli de choses si nouvelles, si grandes, que toute vanité puérile est éteinte en moi... oui, et tu peux même dédaigneusement sourire comme en ce moment sans me blesser.

— Soit! — répondit M. de Favrolle, frappé de l'accent de Gérard, — c'est sérieux ! parlons sérieusement.

— C'est ce que je fais depuis le commencement de cet entretien. Lors de ton arrivée dans notre famille, la paix et le bonheur y régnaient ; à cette heure, quelle différence! mon père est sombre et accablé, Alphonsine a perdu le pouvoir de le distraire, il me supporte à peine, et quand nous sommes seuls, son silence obstiné me glace et me rend muet; ma mère semble en proie à un secret chagrin; ma sœur n'est plus reconnaissable; chaque jour sa pâleur, sa faiblesse, augmentent;

elle reste souvent plongée dans un morne silence dont notre tendresse ne peut l'arracher. En vain le médecin a assuré qu'il ne voit rien d'alarmant dans l'état maladif d'Alphonsine. Moi, cet état m'inquiète, m'effraye.

M. de Favrolle interrompit Gérard en se levant pour aller ouvrir la porte extérieure du pavillon, car il venait d'entendre un bruit de pas qui s'approchaient. En effet les deux jeunes gens virent bientôt entrer le domestique à qui M. de Favrolle avait remis un message une demi-heure auparavant ; mais, au moment où il allait parler, son maître, d'un signe lui imposa silence, et sortit avec lui de la bibliothèque, dont il ferma la porte.

— Et mon billet? — lui dit-il à voix basse, en tournant les yeux vers la pièce voisine, comme pour s'assurer que Gérard ne pouvait l'entendre, — mon billet?

— Je l'ai remis moi-même, monsieur.

— La réponse?

— Mademoisselle Mary sera ici à midi.

— Ici ? dans ce pavillon ?

— Oui, monsieur ; elle l'a dit : Dans le pavillon du Rocher.

— C'est bien ; pas un mot de tout ceci.

Et M. de Favrolle rentra dans la bibliothèque.

Le domestique sortit du pavillon se disant à lui-même :

— Madame Pivolet va pousser de fameux : Ah ! mon Dieu ! quand je vais lui raconter la chose !

M. de Favrolle retrouva Gérard dans la position où il l'avait laissé; mais son visage semblait encore plus altéré qu'au début de l'entretien.

— Théodore, — lui dit le jeune homme sans lever les yeux, — si je te demandais quel est ce message que tu parais avoir tant d'intérêt à me cacher; si je le demandais au nom de notre bonheur à tous, me répondrais-tu?

— Non! — répliqua M. de Favrolle d'un ton sec.

Tous deux gardèrent le silence. Au bout

d'un instant Gérard reprit d'un ton calme :

— Tout à l'heure, je te parlais du malheur qui pèse sur ma famille, si heureuse avant ton arrivée dans cette maison ; je te parlais du chagrin qui tue lentement ma sœur.

— Franchement, Gérard, — répondit M. de Favrolle après un moment d'hésitation, — tu as mal choisi ton jour pour me faire ces confidences, je ne veux pas dire ces reproches : ils seraient absurdes.

— Je n'ai pas choisi le jour, — dit gravement Gérard, — non, je ne l'ai pas choisi ; j'ai attendu que le malheur des miens, se joignant à ce que je souffrais, eût comblé la mesure ; alors, je me suis dit : Il est temps ! Je t'ai demandé cet entretien et je te dis ceci : Tu es la cause du mal dont ceux qui me sont chers souffrent aujourd'hui.

— Moi ?

— Toi !

— Quoi ! ton père, ta mère, t'auraient dit...

— Ils ne m'ont rien dit ; je les aime, j'ai deviné.

— Tu te trompes.

— Je ne me trompe pas. Mon père, lié avec le tien d'une vieille amitié, retenu par des scrupules pleins de délicatesse, n'ose, non plus que ma mère, te presser de fixer enfin le jour d'une union depuis si longtemps convenue. Ils osent encore moins te dire : Tout est rompu ! car ma pauvre sœur t'aime... t'aime, hélas ! passionnément. Maintenant, réponds ! est-il honorable à toi de persister à reculer indéfiniment l'époque de ton mariage avec Alphonsine?

Et, si tu es décidé à ne pas l'épouser, as-tu le droit de rester plus longtemps ici ?

— Trêve à ces questions ! — s'écria M. de Favrolle, — ne me force pas d'y répondre.

— Je ne veux pas de querelle ; cela m'éloignerait de mon but. Encore une fois, songes-tu, oui ou non, à rompre un mariage que ton père et le mien ont dû croire définitivement arrêté ?

— Ma résolution est toujours la même.

— D'épouser ma sœur ?

— Oui.

— Quand ?

— Plus tard.

— Fixe une époque, un jour.

— Est-ce lorsque ta sœur est aussi souffrante que tu le dis toi-même, que l'on peut fixer le jour d'un mariage ?

— Ce jour désigné, elle renaîtra à l'espérance, à la vie.

— Tu es un enfant.

— Cela n'est pas répondre ; ton hésitation tue ma sœur ; que cette hésitation cesse, que la pauvre Alphonsine ait foi en tes promesses, et je te le dis, elle retrouvera la santé, le bonheur.

— Eh bien ! je m'entendrai avec ton père pour fixer le jour.

— Soit ! allons chez mon père à l'instant.

— Pas aujourd'hui.

— Pourquoi ?

— Parce que cela ne me plaît pas.

— C'est une défaite.

— Eh mordieu ! défaite, soit ! — s'écria M. de Favrolle, poussé à bout par l'opiniâtre insistance de Gérard ; — crois-tu donc, à la fin, qu'un échappé de collége m'imposera sa volonté ? J'ai été trop bon de t'écouter et de te prendre au sérieux ! Ah çà, me crois-tu ta dupe ? Est-ce que, sous ces beaux dehors, je ne pénètre pas le fond de ta pensée ? Est-ce que, si je te disais : — Ne vois pas en moi un rival ; je ne songe pas à contrarier tes jeunes amours, — tu prendrais si chaudement le parti de ta sœur? Ah! tu te tais maintenant, tu rougis !

— Je n'ai ni à me taire ni à rougir : mon avenir est libre.

— Et ma liberté, à moi! est-elle donc tellement engagée que je ne puisse plus jamais la reprendre?

— Tu l'avoues enfin, tu veux rompre avec ma sœur?

— Tu l'avoues enfin, c'est la jalousie qui te fait si ardemment désirer ce mariage ?

— Ah ! c'est trop ! — s'écria Gérard en bondissant de son siége ; puis, se plaçant devant de Favrolle, qui venait aussi de se lever, il ajouta : — A bas les masques ! Théodore, tu aimes miss Mary !

— Oui !

— Je l'aime aussi !

— Tant pis pour toi !

— Lorsque deux hommes aiment la même femme, que font-ils ?

— Des fous s'égorgent.

— Alors, je suis fou !

— Et moi, je le deviens.

— A quand donc ?

— A ce soir !

Soudain la porte de la bibliothèque s'ouvrit et miss Mary parut.

II

II

Les deux jeunes gens restèrent stupéfaits à la vue de miss Mary, mais celle-ci, s'avançant vers eux avec un calme parfait, alla ouvrir la fenêtre et leur dit :

— Excusez-moi, Messieurs, mademoiselle Alphonsine a désiré venir passer quelques moments ici, afin de jouir de cette belle journée d'hiver.

M. de Favrolle et Gérard échangèrent un regard expressif pour se demander si l'institutrice avait pu entendre les provocations qu'ils échangeaient lors de son entrée dans la bibliothèque; mais rien, dans l'attitude ou dans la voix de la jeune fille, n'indiquait le trouble ou l'inquiétude.

— Monsieur de Favrolle, — dit miss Mary du ton le plus naturel, — ayez la bonté de m'aider à approcher de la fenêtre ce canapé; mademoiselle de Morville désire se reposer dans ce pavillon.

Tandis que M. de Favrolle rendait à miss Mary le service qu'elle venait de lui demander, elle continua, s'adressant à Gérard :

— Votre sœur fait un tour de parc dans la calèche; la pauvre enfant est bien faible, bien fatiguée; vous devriez aller la rejoindre et essayer de la distraire.

Gérard, regardant M. de Favrolle, qui, sans mot dire, s'occupait lentement à placer et à déplacer les coussins du canapé, hésitait à laisser, même pendant un instant, son rival en tête-à-tête avec miss

Mary. Celle-ci, s'apercevant de l'hésitation de Gérard, lui dit affectueusement :

— Est-ce que vous ne voudriez pas aller tenir compagnie à Alphonsine ?

Gérard sortit en courant, mais sans refermer la porte.

A peine fut-il dehors que M. de Favrolle, s'approchant vivement de miss Mary qui continuait de tout disposer pour recevoir la jeune malade, lui dit à mi-voix et d'un ton mystérieux :

— J'ai reçu votre réponse, Mademoiselle ; vous viendrez, n'est-ce pas ?

— Monsieur, — répondit simplement l'institutrice, je ne promets jamais que ce que je veux tenir.

— Ainsi vous viendrez à midi ?

— A midi, — répéta miss Mary à voix haute, tandis que son regard ferme et serein faisait baisser les yeux de M. de Favrolle. — En attendant, Monsieur, veuillez me laisser seule ici, où mademoiselle de Morville ne tardera pas à venir.

M. de Favrolle, surpris de l'accueil glacial de miss Mary, qui, selon lui, s'accordait mal avec le rendez-vous qu'elle lui accordait, s'inclina en répétant à mi-voix : A midi !

En ce moment madame Pivolet entra rapidement, sans voir d'abord M. de Favrolle et miss Mary, qui se trouvaient près d'une fenêtre, et se dirigea vers la porte de l'escalier du Belvéder. Au mouvement que fit M. de Favrolle pour sortir, la femme de charge détourna la tête et s'arrêta comme surprise de trouver quelqu'un dans la bibliothèque. Le jeune homme était déjà sorti qu'elle restait encore immobile, regardant l'institutrice avec une curiosité malveillante.

— Mademoiselle de Morville continue sans doute sa promenade? — dit miss Mary.

— Alphonsine? — répondit madame Pivolet d'un ton brusque. — Alphonsine pleure!

— Elle pleure! — répéta miss Mary avec inquiétude. — Que lui est-il donc arrivé?

— Il lui arrive... que vous ne la ferez plus pleurer longtemps, entendez-vous !

— Que voulez-vous dire, madame Pivolet ?

— A nous deux, maintenant ! — s'écria la femme de charge sans répondre à l'institutrice, et s'avançant vers elle d'un air si menaçant que, malgré elle, miss Mary fit quelques pas en arrière, avantage dont profita aussitôt la femme de charge pour faire un pas de plus en avant.

Miss Mary, regrettant d'avoir cédé à un

premier mouvement de peur involontaire, vit à sa portée une table où elle avait en entrant déposé son panier à ouvrage, comptant s'occuper de sa broderie tandis qu'Alphonsine reposerait sur le canapé. S'asseyant alors auprès de cette table avec un sang-froid qui stupéfia madame Pivolet, l'institutrice prit sa bande de mousseline à demi brodée, éleva son aiguille au jour pour y passer le fil, et dit à la femme de charge :

— De quoi s'agit-il, madame Pivolet ?

La nourrice d'Alphonsine, voyant dès le

début l'institutrice changer par une simple attitude une grande scène en conversation ordinaire, fut complètement déroutée; mais la colère un moment comprimée faisant enfin explosion, elle s'écria :

— Ainsi vous croyez, vous, qu'on viendra comme ça de l'étranger, d'une île, car, après tout, vous n'êtes qu'une insulaire! mettez-vous bien cela dans la tête, ma chère demoiselle! vous croyez qu'on viendra dans une maison où on n'a jamais entendu parler de vous, prendre la meilleure place à côté des maîtres, à table, au salon, partout! Vous croyez qu'on accaparera à soi toute seule une enfant qu'on a nourrie de son lait comme je l'ai nourrie, moi ! et que ça se passera sans que de braves gens qui sont là depuis vingt ans se sentent humiliés et scandalisés ! Ah ! que nenni, la belle insulaire !

— Madame Pivolet, — répondit miss Mary avec un calme imperturbable, — veuillez, je vous prie, vous retirer un peu de côté, vous êtes devant la fenêtre, et vous masquez le jour.

— Si je masque le jour, — s'écria la femme de charge en obéissant néanmoins par habitude à miss Mary, et se rangeant de côté, — si je masque le jour, il y a des insulaires qui masquent leur conduite, qui font les mijaurées, la petite bouche, et qui ont pour commencer, car nous ne sommes pas au bout, et qui ont, pour commencer, un amant aux Indes! Hé! hé! c'est plus commode; ça vous a un air, et surtout ça ne gêne pas ceux qui voudraient essayer de prendre sa place... à ce chéri d'Inde!

A cette grossièreté, miss Mary demeura impassible, mais son cœur se serra douloureusement en entendant profaner ainsi ce sentiment si pur, si noble, l'unique consolation de ses jours d'épreuves. Les larmes lui vinrent aux yeux; un moment elle eut la pensée de laisser la place à madame Pivolet et d'aller rejoindre Alphonsine ; mais, retenue par sa dignité, l'institutrice resta dans le pavillon, continuant de travailler à sa broderie, quoiqu'un léger tremblement agitât sa main.

La femme de charge, d'autant plus irritée du calme dédaigneux de miss Mary qu'elle avait espéré la blesser plus vivement, reprit en redoublant d'amertume :

— Mais comme un amant d'Inde c'est un peu loin... il y a des insulaires qui préfèrent aimer plus près... Alors on enjôle la fille, on flatte la mère, et on lui fait croire qu'on aime tant mademoiselle qu'elle peut quitter sans danger le château, et l'on est déjà si bien d'accord avec le mari, que, dès le premier soir de l'absence de sa femme, vite, vite, on file dans la chambre de monsieur, d'où l'on ne sort que parce qu'il faut bien aller coucher l'enfant qui vous gêne.

Miss Mary croyait avoir eu seule, jusqu'alors, le secret de la triste passion de M. de Morville, passion aussi profonde que réservée. L'institutrice fut donc péniblement affectée de voir ce dangereux secret au pouvoir de la femme de charge, qui reprit :

— Mais bientôt on se dit : Bah ! un père, c'est coriace, et puis à quoi ça peut-il mener ? à une petite pension de retraite, tandis qu'un jeune et joli garçon, novice comme une demoiselle, c'est du solide, c'est riche, ça épouse. Et après avoir enjôlé le père, on enjôle le fils de la maison.

Le coup était trop rude : miss Mary bondit ; mais à peine debout, elle sentit ses jambes se dérober sous elle ; la force allait lui manquer, de misérables calomnies allaient l'abattre sous les yeux de cette folle qui, déjà triomphante, lui disait avec un sourire sardonique :

— Eh bien ! qu'est-ce que vous avez

donc, la belle insulaire? On dirait que vous vous trouvez mal.

— Voyez, je vous prie, si ma pelote de coton n'est pas tombée à terre, — lui répondit de la voix la plus calme la pauvre torturée, qui avait repris son empire sur elle-même.

Madame Pivolet, cédant comme toujours à son habitude d'obéissance, se baissa pour chercher la pelote sous la table, mais, se relevant brusquement, elle reprit comme par réflexion :

—Ah çà! je suis bien bête de vous obéir.

Est-ce que je suis votre domestique, moi ? Non, non, au contraire, c'est vous que je traiterai comme ma servante, car je sais tous vos secrets ; ils sont gentils ! Comptons un peu, l'insulaire : premièrement l'amant d'Inde ; secondement M. de Morville ; troisièmement ce pauvre innocent, M. Gérard ; quatrièmement... car il y a un quatrièmement... qui s'appelle M. de Favrolle, que vous avez la petitesse de vouloir enlever à ma pauvre Alphonsine. Mais, jour de Dieu ! foi de Pivolet !...

— Osez-vous parler ainsi, malheureuse que vous êtes ! — s'écria une voix tremblante de colère.

La femme de charge se retourna et vit entrer Gérard, qui avait entendu ses dernières paroles si grossièrement adressées à miss Mary. Il allait éclater en reproches lorsque, d'un geste rempli de dignité, l'institutrice apaisa le courroux de Gérard ; puis elle lui dit :

— Vous avez quitté votre sœur, monsieur Gérard ?

— Oui, miss Mary ; mais la promenade semble la fatiguer, et puis Alphonsine est tellement silencieuse et attristée que je ne voudrais pas rester seule avec elle ; en ce moment je crains de savoir mal la distraire. Je viens vous prier de vouloir bien m'accompagner auprès d'elle.

Miss Mary accepta cette offre avec empressement. Elle sauvait ainsi sa dignité, en ne paraissant pas fuir devant les absurdes accusations de madame Pivolet; elle accepta donc le bras de Gérard, et, le cœur brisé, l'esprit bourrelé en pensant au funeste usage que madame Pivolet pouvait faire des secrets qu'elle avait pénétrés, la pauvre jeune fille sortit précipitamment du pavillon avec le frère d'Alphonsine.

— Va, va, belle insulaire, — dit la nourrice en suivant miss Mary du regard, — ils saigneront longtemps les coups d'épingle que je t'ai flanqués en plein cœur! Ah! tu viens ici m'enlever l'affection de mon Alphonsine? Patience! tu n'es pas au bout; ce n'est que le commencement. — Puis, allant doucement vers une des portes du pavillon, elle ajouta : — Cette vieille brute de père Chênot doit être là, au rendez-vous. L'insulaire et ce pauvre innocent de M. Gérard sont, ma foi, sortis bien à temps.

Ce disant, madame Pivolet ouvrit la porte avec précaution et appela :

— Père Chênot? père Chênot?

A ce nom, répondit le bruit retentissant de deux gros sabots traînant sur les marches de l'escalier extérieur qui conduisait au belvédère, puis parut un vieil homme, vêtu en berger. Il s'appuyait sur un long bâton; sa figure annonçait un manque absolu d'intelligence, et il regardait madame Pivolet d'un air de déférence hébétée.

— Père Chênot, — dit la femme de charge d'un air mystérieux et solennel, — le moment est venu, il n'y a plus à reculer.

— Non, madame Pivolet !

— Je vous ai donné rendez-vous ici, afin

de bien convenir de tout, car le temps presse; je ne savais pas qu'on viendrait dans le pavillon; vous avez bien fait, entendant quelqu'un, de monter au belvédère.

— Oui, madame Pivolet, je me suis ensauvé là-haut, quand j'ai vu que l'on venait ici.

— Êtes-vous bien décidé à la chose ?

— Décidé à mort ! madame Pivolet, voilà trop longtemps que ça dure. Ma pauvre femme est comme une vieille brebis qui a le *mal de pied* aux quatre pattes ; il y a plus de deux ans qu'elle ne mouve point de son lit; vous m'avez promis que la chose que vous savez, en délivrant la mère Chênot du sort qu'on lui a jeté, la ferait mouver; ça me va.

— Ça doit vous aller d'autant mieux, mon brave homme, que vous avez en vain essayé du crapaud.

— Oui, madame Pivolet, je lui ai enfoncé les épingles dans le dos en criant sept fois *Barrabas!* comme un forcené. Eh bien! la mère Chênot n'en a pas plus mouvé qu'une souche.

— Preuve qu'il faut autre chose pour rompre le sort que la sorcière a jeté sur elle.

— Bien sûr.

— Et voyez, père Chênot, que vous n'êtes pas le seul qui ayez à souffrir des sorts de la sorcière, et, si on la laissait faire, le canton, le département, la France, le monde entier serait ensorcelé.

— Ce qu'il y a de certain, c'est que Jean-Louis a perdu son bourriquet.

— Sorcellerie ! infernale sorcellerie !

—Et la mère Jeanne a eu sa vache deux fois engonflée en une semaine. Je sais bien qu'il y a des gens du village qui disent que la sorcellerie c'est des bêtises, et que si la vache de la mère Jeanne a engonflé, c'est pour avoir mangé trop de trèfle vert.

— Ceux qui disent cela, père Chênot, sont bêtes à manger du foin, ou bien ce sont de ces mauvaises gens qui ne croient ni à Dieu, ni à diable, ni à rien du tout.

— Le fait est que Grand'Pierre et Sylvain, qui disent qu'il n'y a pas de sorcellerie, aiment mieux travailler à leur champ le dimanche ou fumer leur pipe à l'ombre que d'aller à la messe.

— Voyez-vous, les renégats! j'en étais sûre. Ils finiront sur l'échafaud. En attendant, moi, je vous donne ma parole la plus sacrée que les maux affreux qui fondent depuis quelque temps sur le village sont de la sorcellerie de la pire espèce.

— Je vous crois, madame Pivolet, vous lisez dans des livres, et nous ne sommes que de pauvres gens.

— Père Chênot, — reprit la femme de charge d'un air profond, — pour qu'une chose finisse, faut la faire cesser. Est-ce vrai ?

— Vous parlez d'or, madame Pivolet.

— Pour faire cesser le sort que la sorcière a jeté sur la mère Chênot, sur le bourriquet de Jean-Louis et sur la vache à la mère Jeanne, il faut forcer la sorcière à retirer ce sort, vous comprenez cela ?

— Oui, madame Pivolet, c'est ce que vous me répétez toujours. Mais croyez-vous qu'elle y consentira à retirer son sort?

— Oh! certainement, si vous allez lui dire d'un air craintif : — Faites-moi donc l'amitié de retirer le sort, — s'il vous plaît, — la sorcière se moquera de vous. Mais si vous employez les grands moyens, oh! alors, soyez tranquille, elle retirera son sort et plus vite que ça!

— Bon, bon, nous les emploierons, les grands moyens, madame Pivolet; moi, Jean-Louis, son gars, la mère Jeanne et ses deux filles, nous sommes décidés à tout, ah! mais dam! oui, à tout!

— Et la mare de la *Femme fouettée* est là pour vous prouver que ça n'est pas avec des douceurs qu'on force les sorcières à retirer les sorts qu'elles jettent sur le pauvre monde.

— Je vous dis, madame Pivolet, que nous sommes décidés à tout. Hier à la veillée, dans ma bergerie, nous nous sommes dit : Tant pis, faut que ça finisse, nom d'un nom !

— C'est pour avoir cette assurance, père Chênot, que je vous ai fait venir ici. Donc c'est entendu, en avant les grands moyens !

— C'est entendu.

— Vous êtes prêts ?

— Nous sommes prêts.

— Ça sera la nuit, parce que les œuvres du démon se font et se défont surtout la nuit.

— C'est clair comme le jour.

— Je vous ferai prévenir par le petit Robin, je l'enverrai à votre bergerie.

— Et moi, en un rien de temps, j'aurai rassemblé mon monde.

— Peut-être ce soir.

— Le plus tôt sera le mieux, car tout ce que je demande au bon Dieu et au sort, c'est que ma femme *mouve*.

— Elle mouvera, père Chênot, elle mouvera, j'en mets ma tête à couper ; mais une fois le moment venu, pas de faiblesse au moins !

— Soyez tranquille.

— La sorcière se débattra.

— On a de la poigne.

— Elle criera.

— On la laissera crier, quoi !

— Elle pleurera, elle gémira, elle prendra sa petite voix flûtée, la scélérate ! pour vous dire : Mes amis, mes bons amis, laissez-moi ! ayez pitié de moi !

— Et on lui répondra : Et toi, sorcière, as-tu eu pitié du bourriquet à Jean-Louis et de la vache à la mère Jeanne ?

— Pére Chênot, — s'écria la femme de charge avec enthousiasme, — vous seriez digne d'être un vieux de la vieille, un vrai grognard ! Vous mériteriez la croix d'honneur !

— Oh ! je n'en demande pas tant ; pourvu que ma pauvre femme *mouve*... je serai content.

Madame Pivolet prêta l'oreille, et entendant le roulement d'une voiture, dit vivement au vieux berger en lui montrant la porte par laquelle il était entré :

— Vite, père Chênot, filez par là, et descendez par le petit escalier. Ainsi, c'est entendu, au premier avis que je vous ferai donner par le petit Robin...

— Nous serons prêts !

— Et une fois la mère Chénot délivrée du sort, elle frétillera comme une anguille, — ajouta madame Pivolet en poussant au dehors le berger, qui disparut ; après quoi elle ferma la porte sur lui.

Quelques instants après, mademoiselle de Morville entrait dans la bibliothèque, accompagnée de Gérard et de miss Mary.

III

III

Mademoiselle de Morville entra dans la bibliothèque soutenue d'un côté par miss Mary, de l'autre par Gérard. La pauvre enfant n'était plus reconnaissable : ses yeux noirs, brillant d'un éclat fiévreux, paraissaient plus grands encore au milieu de son visage, d'une mate pâleur, creusé par la souffrance. Toujours soutenue par son frère et par son institutrice, elle alla s'asseoir devant la fenêtre sur le canapé ; puis, s'y étendant, elle posa sa tête sur les coussins, elle ferma les yeux, sans donner un seul coeup-d'œil au paysage qui se déroulait au-delà de la rivière.

— Alphonsine, — lui demanda miss Mary, — êtes-vous bien ainsi ?

— Ma sœur, as-tu encore besoin de quelque chose ? — ajouta à son tour Gérard. Mais Alphonsine restant encore silencieuse, il ajouta :

— Si tu le préfères, nous retournerons tout à l'heure dans le parc.

— Non, j'aime mieux rester ici, — dit enfin Alphonsine d'une voix affaiblie.

— Ma sœur, veux-tu que je renvoie la voiture? elle reviendra te chercher dans deux heures.

— Non, — répondit la jeune fille en retournant sa tête vers le dossier du canapé. Puis elle reprit avec une sorte d'hésitation impatiente et fébrile: — Renvoie la voiture, je m'en irai à pied. — Gérard se dirigeait vers la porte, mais sa sœur lui dit :

— Non, non, j'aime mieux que la voiture reste,.. je me sens trop faible pour marcher.

Les trois témoins de ces caprices maladifs restaient silencieux. Au bout d'un instant Alphonsine reprit :

— Je voudrais être seule.

Gérard s'éloigna tristement, madame Pivolet le suivit après avoir jeté un regard attendri sur Alphonsine et un regard de colère triomphante sur miss Mary. Celle-ci demeura seule avec mademoiselle de

Morville, qui paraissait alors assez calme ; ses paupières fermées, son visage reposé, sa respiration régulière semblaient indiquer qu'elle cédait au sommeil qu'avait provoqué la fatigue de la promenade. Miss Mary debout et une main appuyée au-dessus du canapé où reposait la jeune fille, après l'avoir contemplée avec tendresse, elle se penchait pour baiser le front d'Alphonsine, lorsque celle-ci, se retournant brusquement sur le canapé, dit d'une voix brève :

— Je ne dors pas.

Et elle ferma de nouveau les yeux en reprenant son immobilité première.

—Vous ne dormez pas, Alphonsine? — répondit miss Mary douloureusement surprise. — Vous avez senti que j'allais vous embrasser et vous vous êtes éloignée de moi.

— Oui, — dit sèchement la jeune fille sans ouvrir les yeux et sans changer de position, — il est vrai, j'ai voulu m'éloigner de vous.

— Et pourquoi repoussez-vous ainsi mes caresses?

—Parce que je ne vous aime plus.

—Que dites-vous? — s'écria miss Mary,

ne pouvant croire à ce qu'elle entendait.—
Vous ne m'aimez plus ?

— Non.

— Et pourquoi ? Et depuis quand ? Ce matin encore, vous me remerciiez de mes soins avec effusion.

— Ce matin, j'ignorais ce que je sais maintenant.

— Et que savez-vous, mon enfant ?

— Ne m'appelez plus votre enfant... ce mot me fait mal.

— Alphonsine ! de grâce ! quelle est la cause de ce changement qui me confond et me désole ?

— Vous me le demandez ?

— Je vous le demande à mains jointes ? Mais, de grâce ! ne me répondez pas ainsi les yeux fermés ; l'on dirait que vous craignez de me regarder.

— Si je ferme les yeux pour ne pas vous voir, c'est que vous me faites peur.

— Vous avez peur de moi, Alphonsine !

Songez à vos paroles, — reprit miss Mary stupéfaite ; puis à demi-voix elle ajouta :
— Pauvre enfant ! peut-être la fièvre trouble sa raison.

— Oh ! j'ai toute ma raison, — dit Alphonsine, qui avait entendu les mots prononcés par son institutrice. — Malheureusement, j'ai toute ma raison.

— Alors, Alphonsine, au nom du ciel ! parlez-moi franchement ; vous me mettez au supplice ! Qu'avez-vous ?

— Ce que j'ai ?... Je suis jalouse !

Et Alphonsine, en prononçant ces mots, qui s'échappèrent de sa poitrine comme un sanglot déchirant, se leva brusquement sur son séant, et ouvrant les yeux, regarda fixement son institutrice.

Celle-ci, terrifiée par ce mouvement inattendu, recula d'un pas en s'écriant avec douleur :

—Vous, Alphonsine, jalouse de moi !

— Oui ! jalouse de vous ! M. de Favrolle vous aime. Ce matin il vous a écrit, et vous lui avez donné rendez-vous ici. Pivolet me l'a dit. Elle a vu le domestique de M. de Favrolle vous porter sa lettre. Osez nier cela ?

— Je ne mens jamais, Alphonsine, — reprit doucement miss Mary. — M. de Favrolle m'a écrit ce matin, et je lui ai donné rendez-vous dans ce pavillon.

— Vous voyez bien, — murmura la jeune fille en fondant en larmes et cachant son visage entre ses mains ; — il vous aime, et vous l'aimez !

— Ah ! la pauvre enfant ! Je comprends

tout maintenant, — se dit miss Mary. — Pardonnez-moi, mon Dieu! d'avoir été trop absorbée par mes propres chagrins. Ils m'ont empêché de deviner la cause des souffrances de cette chère et innocente créature !

S'agenouillant alors devant Alphonsine, qui cachait toujours entre ses mains son visage baigné de larmes, elle lui dit :

— Mon enfant, écoutez-moi !

— Non, laissez-moi, je vous dis que vous me faites peur... Je ne veux pas vous voir, — murmurait Alphonsine sans pouvoir contenir ses sanglots. — Vous! me tromper ainsi... me faire tant de mal, à moi, qui vous aimais tant! Ah! pourquoi êtes-vous venue en France? Ma mère avait raison de ne pas vouloir de vous!... C'est un jour maudit que le jour où vous êtes entrée dans notre maison!

— Alphonsine, ne me parlez pas ainsi, vous m'ôteriez tout mon courage, et j'en ai besoin; car la tâche que j'ai à remplir est plus lourde que je n'avais pensé. Votre douleur, jusqu'ici renfermée en vous-même, s'est enfin fait jour; dans son premier élan, elle devait être injuste et cruelle. Ah! pauvre enfant, vous m'avez fait bien du mal.

Et les larmes de miss Mary coulèrent malgré elle.

— Et moi donc, est-ce que je ne souffre pas? — reprit Alphonsine en pleurant à chaudes larmes.

— Oui, vous souffrez d'étranges douleurs pour votre âge. Aussi m'avez-vous injustement accusée. Mais bientôt, chère enfant, vous reconnaîtrez l'injustice de vos soupçons : les détruire sera le dernier devoir que j'aurai à accomplir.

Miss Mary fut interrompue par le retour inattendu de Gérard.

Il entra lentement et resta un moment hésitant au seuil de la porte; puis, paraissant faire sur lui-même un violent effort, il s'avança vers les deux jeunes filles l'air pensif, grave, presque solennel.

L'institutrice, frappée de l'expression de la physionomie du jeune homme, l'interrogeait du regard; il resta un moment silencieux, son visage pâli par le chagrin se colora vivement, et s'adressant à sa sœur d'une voix altérée sans oser lever les yeux sur l'institutrice :

— Alphonsine, tu voulais être seule avec miss Mary ; j'ai hésité à revenir auprès de toi ; mais, je l'avoue, mon courage est à bout, un secret me pèse ; il fait le malheur de ma vie. Ce secret, j'aurais pu le confier à miss Mary en profitant d'un tête-à-tête, j'ai préféré lui parler sans détour et... devant toi ; peut-être elle appréciera ma démarche, et puis, elle t'aime tendrement. J'espère que, grâce à cette tendresse, elle m'écoutera, moi, ton frère, sans se fâcher.

Alphonsine, au moment où son frère lui parla de la tendresse de miss Mary pour elle, tressaillit, sourit avec amertume et détourna la tête pour cacher ses larmes ; tandis que l'institutrice, regardant le jeune homme avec une surprise croissante, lui dit :

— Expliquez-vous, monsieur Gérard : quel est le secret que vous avez à me confier ?

Le frère d'Alphonsine rougit de nouveau ; ses beaux traits exprimèrent une angoisse profonde, déchirante. Il voulut parler, mais l'émotion étouffa ses paroles ; ses yeux se remplirent de pleurs, puis, se jetant à genoux auprès du canapé où reposait Alphonsine, il l'embrassa, cacha sa figure dans son sein, et murmura d'une voix entrecoupée par les larmes :

— Ma sœur, ma bonne sœur... je t'en supplie, dis à miss Mary... que je l'aime !

— Toi ! — s'écria la jeune fille avec un douloureux étonnement ; et enlaçant son frère entre ses bras, confondant ses larmes avec les siennes, elle reprit : Ah ! mon pauvre frère... nous sommes tous deux bien malheureux !

Et les deux enfants ainsi enlacés, le visage caché dans le sein l'un de l'autre, s'étreignant convulsivement, pleurèrent en silence. Gérard, craintif, attéré comme s'il eût commis une méchante action ; Alphonsine, accablée de la révélation de l'amour de son frère, amour qui semblait présager de nouveaux malheurs.

Miss Mary, profondément touchée de la délicatesse et de la loyauté de Gérard, qui mettait pour ainsi dire l'aveu de son candide et pur amour sous la sauvegarde de l'innocence d'Alphonsine, contemplait le frère et la sœur avec un attendrissement et un intérêt inexprimable, uniquement préoccupé du moyen de les guérir, l'un d'un fol amour, l'autre d'une folle jalousie.

Gérard, sentant couler sur ses joues brûlantes les larmes d'Alphonsine, releva la tête et lui dit :

— Tu pleures?... Tu me plains donc?

— Si je te plains, pauvre frère! — reprit la jeune fille avec une douloureuse amertume ; — oh! oui, car tu ne connais pas celle que tu aimes. Elle est ici pour uotre malheur à tous!

— Notre malheur à tous! — reprit Gérard avec stupeur en prenant la main de sa sœur; — Alphonsine, que dis-tu? Elle, miss Mary, qui est pour toi un ange de bonté!

— Miss Mary, — reprit Alphonsine en sanglottant; — elle... un ange de bonté! O mon Dieu!... Mais tu ne sais donc pas que...

L'institutrice, mettant doucement sa main sur la bouche de la jeune fille, lui dit avec un accent presque suppliant:

— Mon enfant, je vous en conjure, pas

un mot de plus, vous regretteriez plus tard l'injustice de vos soupçons. Ecoutez-moi de grâce, et vous aussi, monsieur Gérard. Nous sommes tous trois dans une position fausse et indigne de nous; ayons le courage d'envisager la vérité. Alors nous retrouverons cette mutuelle estime, cette mutuelle affection que rien n'aurait dû altérer, que rien n'altérera désormais lorsque nous nous serons expliqués avec franchise.

Alphonsine fit un mouvement de doute cruel qui n'échappa pas à miss Mary; mais elle continua en prenant entre les siennes la main de Gérard et celle de sa sœur malgré sa résistance.

— Parlons donc en toute sincérité, nous le pouvons. Moi, je suis presque une vieille fille, — ajouta-t-elle avec un sourire mélancolique ; — vous, monsieur Gérard, vous êtes déjà un jeune homme, et Alphonsine sera bientôt une femme, car bientôt elle se mariera.

A ce mot de mariage et sans regarder miss Mary, la sœur de Gérard, par un tressaillement, indiqua la pénible impatience que lui causait cette allusion à ses espérances brisées. L'institutrice ne s'interrompit qu'un instant et reprit :

— Expliquons-nous sans réserve, sans

réticence; disons même ce qui pourrait nous blesser ; si l'expression est à regretter, du moins nous saurons à quoi nous en tenir sur les faits. Le voulez-vous, Alphonsine?

— A quoi bon ! répondit la jeune fille.

— Moi, — reprit Gérard en essuyant ses larmes et en cédant à un vague espoir, — je prends l'engagement de ne pas prononcer un mot qui trahisse ou dissimule ma pensée. — Et il attendit avec anxiété la première question que miss Mary allait lui adresser.

— Monsieur Gérard, — lui dit l'institutrice, — lorsque vous êtes arrivé chez votre père, ai-je cherché à attirer votre attention sur moi ?

— Miss Mary, — reprit Gérard étonné, — je n'ai pas dit cela.

— Aussi je ne vous accuse pas de l'avoir dit, je vous demande si je l'ai fait.

— Jamais, oh ! jamais !

— Ai-je, en flattant votre amour-propre, tâché de capter votre bienveillance ?

— Loin de là, miss Mary, je vous ai toujours vue d'accord avec mon père, me réprimander lorsque j'agissais mal, ou m'encourager au bien. Parfois même vous vous êtes montrée très sévère à mon égard.

— Encore une question, monsieur Gérard. — Après avoir été bienveillante, affectueuse même envers vous, ai-je tout-à-coup, en changeant de manière d'être, cherché à provoquer votre chagrin, votre dépit?

— Non, certainement, miss Mary ; souvent je suis resté à l'écart, parce que je vous voyais entourée de personnes... dont la présence, malgré moi, me chagrinait. Mais lorsque je revenais près de vous, votre accueil était toujours le même, vous sembliez ne pas vous douter des raisons qui m'éloignaient de vous ou qui me ramenaient. Hélas! je vous l'avoue, l'égalité même de votre humeur me causait souvent un vif chagrin.

— Ainsi, monsieur Gérard, vous ne m'accusez d'aucun manége de coquetterie? Vous reconnaissez que je n'ai rien fait pour éveiller en vous cet amour que vous venez d'avouer à votre sœur? Aussi vous conviendrez, n'est-ce pas, que si cet amour vous a causé des souffrances, j'en suis du moins innocente ?

— Hélas ! miss Mary, ce n'est pas de votre faute si je vous aime.

— Ma chère Alphonsine, — reprit miss Mary en se tournant vers la jeune fille, qui assistait immobile à cet interrogatoire, sans deviner encore où l'institutrice voulait amener Gérard, — trouvez-vous que votre frère ait répondu selon la vérité ? Partagez-vous sa pensée à mon égard ?

— Il me semble que oui, — répondit Alphonsine en hésitant.

— Et maintenant, monsieur Gérard, — reprit miss Mary, — parlons en toute sincérité... Ne reculons devant l'expression d'aucune vérité si embarrassante, si pénible qu'elle puisse être, — ajouta la jeune fille en rougissant. — Vous m'aimez... Quel était votre espoir ?... Avez-vous cru que je serais votre maîtresse ?

— Ah ! miss Mary, — répondit le jeune homme avec un accent de douloureux reproche. — Tout à l'heure, vous m'avez entendu supplier ma sœur de vous dire que je vous aimais, et vous me croyez capable d'une odieuse, d'une infâme pensée !

— Je vous crois, monsieur Gérard, — dit miss Mary en serrant cordialement la main du jeune homme. — Je n'ai voulu ni vous offenser ni m'offenser moi-même par un doute injurieux pour vous; mais, je vous l'ai dit, il est dans la vie des positions dont il faut déduire franchement. crûment même, toutes les conséquences, afin d'arriver à la réalité des choses. Ainsi, je vous crois. Oui, vous m'avez aimé comme je dois être aimée, moi, qui n'aurais pas voulu l'être ; vous m'avez aimée avec toute la pureté d'une âme honnête. Vous n'avez rien attendu de moi qui fût indigne de mon caractère et du vôtre, j'en suis convaincue. Alors, dites-moi : qu'espériez-vous ?

— Ce que j'espérais ? — dit vivement Gérard stupéfait de cette question ; et, se tournant vers sa sœur : — Tu l'entends, Alphonsine? miss Mary me demande quel était mon espoir. — Et il ajouta d'une voix émue et tremblante en s'adressant à l'institutrice : — Mais, mon Dieu, j'espérais me marier avec vous, passer ma vie auprès de vous et de ma sœur !

— Ce désir m'honore, monsieur Gérard, car il naît d'un sentiment généreux et pur. Mais voyons : ne vous est-il pas venu à l'esprit qu'on penserait, et l'on aurait cent fois raison de le penser, que mon âge ne convient pas au vôtre? Vous avez dix-huit ans à peine, et j'en ai vingt-six? Oui, tout autant, — ajouta-t-elle avec un demi-sourire charmant. — Je vous l'ai dit, il faut de la franchise. Je suis donc une vieille fille et vous presqu'un enfant, non pour la raison, pour le cœur, mais par l'âge. Et puis, monsieur Gérard, songez-y donc : je serais venue dans votre famille, appelée par sa confiance à donner à votre sœur un peu de savoir, des principes, des exemples, et cette confiance, je la trahirais en vous enlevant à votre père, à votre mère! J'aurais quitté mon pays, tous ceux que j'aime dans le seul espoir de les aider à vivre des honorables fruits de mon travail, et je reviendrais dans ma famille avec une fortune due seulement au hasard d'une folle passion !

— Mais alors, miss Mary, vous ne m'aimerez jamais, s'écria Gérard navré. — Que voulez-vous que je devienne ?

— Je veux que vous deveniez... ou plutôt que vous restiez *mon ami*, — dit l'institutrice d'une voix touchante, — et, je l'espère, vous garderez de moi un bon souvenir, car je quitte cette maison. Je pars...

— Vous... miss Mary... vous partez ! — s'écrièrent à la fois Gérard et Alphonsine ;

le premier avec accablement, sa sœur avec une surprise et une sorte de joie involontaire; car elle voyait dans le départ de miss Mary le départ d'une rivale.

— Pauvre enfant! — dit l'institutrice en prenant la main de son élève; — combien vous avez souffert, vous qui m'aimiez tant! La seule annonce de mon départ vous calme, vous rassure. — Puis, se tournant vers Gérard dont les yeux l'interrogeaient avec anxiété : — Mon ami, — lui dit-elle avec un charme inexprimable, — vous m'aimez, n'est-ce pas, d'une généreuse affection? Eh bien! je m'adresse à votre cœur si bon, si délicat!

Dites, mon ami : aurez-vous le courage de regretter que je sois heureuse, lorsque le bonheur m'attend dans ma famille, auprès de laquelle je retourne ?

Cet appel à la délicatesse de son affection, cette douce parole, *mon ami,* en prouvant à Gérard dans quelle estime le tenait miss Mary, furent un commencement de consolation. Mais Alphonsine, pouvant à peine croire aux paroles de son institutrice, attachait sur elle un regard pénétrant, tâchant de lire sur son visage si elle ne lui donnait pas un espoir trompeur et répétant machinalement :

— Bien vrai, vous partez ?

— D'abord, répondit miss Mary, votre prochain mariage met un terme naturel à la mission que vos parents m'avaient confiée.

Gérard fit un mouvement de tête dubitatif ; mais Alphonsine murmura avec un doux accablement :

— Vous savez bien que ce mariage n'est plus possible.

— J'ai une espérance toute contraire,

mon enfant ; mais, quoi qu'il arrive, mon départ est irrévocablement arrêté.

Ces paroles détruisirent les derniers doutes d'Alphonsine ; mais, assaillie d'une nouvelle crainte, elle repoussa la main de son institutrice, et, détournant son visage baigné de larmes, elle s'écria :

— Si vous partez, M. de Favrolle vous suivra, vous le savez bien ; il vous suivra. Et mon frère, mon pauvre frère, mourra de chagrin.

L'institutrice reprit d'une voix tendre et pénétrée :

—Non, M. de Favrolle ne me suivra pas; non, votre frère ne mourra pas de chagrin. Je compte assez sur la droiture de son esprit et de son cœur pour être certaine qu'il renoncera noblement à un mariage impossible; oui, car en outre des raisons dont j'ai parlé tout à l'heure à votre frère, il en existe une autre, plus décisive encore.

— Que voulez-vous dire ? — s'écrièrent à la fois les deux enfants ; — expliquez-vous, miss Mary.

— Ma chère Alphonsine, — reprit l'institutrice, — la différence de nos âges, la gravité de mes fonctions avaient jusqu'ici établi entre nous des relations où je ne pouvais vous parler qu'avec une affection mêlée de réserve, certaines conversations m'étaient naturellement interdites, et pourtant j'avais le cœur rempli de ce qu'il m'eût été si doux de vous confier. Aujourd'hui, pauvre enfant, le chagrin vous a donné des années ; mon autorité sur vous va cesser ; vous n'allez plus être mon élève, voulez-vous être mon amie ?

— Moi ! — dit Alphonsine, cédant malgré elle au charme de cette voix qu'elle avait tant aimée à entendre et éprouvant cependant encore un sentiment de méfiance. — Moi ! votre amie !

— Oui, chers enfants, — reprit miss Mary en regardant tour-à-tour Gérard et Alphonsine, — car je pourrai confier à l'honneur de mon ami et à la tendresse de mon amie un secret que jusqu'ici j'ai dû taire.

— Et ce secret,—reprit Alphonsine dont les yeux brillaient d'impatience, — ce secret quel est-il ?

Miss Mary se pencha vers les deux enfants, et les yeux baissés, dit à demi voix en rougissant :

— Moi aussi, j'aime.

Gérard cacha son visage entre ses mains pour dissimuler sa cruelle émotion, car ce seul mot de miss Mary détruisait la dernière espérance qu'il conservait malgré lui ; mais Alphonsine tressaillit et s'écria en serrant les mains de miss Mary :

— Ce n'est pas M. de Favrolle que vous aimez ?

—Non ! — répondit l'institutrice en attachant son loyal et beau regard sur Alphonsine, qui semblait douter encore. — Non ! ce n'est pas M. de Favrolle que j'aime.

Les soupçons d'Alphonsine s'évanouirent ; elle serra miss Mary dans ses bras et la couvrit de larmes et de baisers.

Gérard releva la tête, et, tâchant de contenir son profond chagrin, il dit timidement d'une voix étouffée :

— Miss Mary, un dernier mot, de grâce !... Vous aimez... — Et les pleurs entrecoupèrent ses paroles. — Et y a-t-il longtemps que... vous aimez ?...

— Avant de quitter ma famille, — répondit miss Mary, — j'étais fiancée à celui que j'aime ; ma mère et mon père nous ont bénis tous deux.

— Mon pauvre frère ! — dit Alphonsine en embrassant Gérard qui pleurait silencieusement, — du courage... Hélas ! miss Mary aimait quelqu'un avant de te connaître !...

— Oui, tu as raison, ma sœur. J'aurai du courage, — reprit le jeune homme en relevant son beau visage baigné de pleurs; et regardant l'institutrice, il ajouta : — Croyez-moi, miss Mary, je serai digne de votre amitié... je serai digne de votre confiance...

— J'y compte, mon ami, — reprit miss Mary en serrant cordialement la main de Gérard. — Et puis, faut-il vous dire toutes mes espérances ? Les voyages sont utiles à votre âge. Peut-être un jour viendrez-vous en Irlande, et alors... alors vous connaîtrez l'honnête homme pour qui je vous demanderai une affection fraternelle; croyez-moi, il la mérite.

— Ah! miss Mary, — repondit Gérard en portant respectueusement à ses lèvres la main de l'institutrice, — l'homme de cœur choisi par vous sera toujours honoré par moi.

— Miss Mary, — dit vivement Alphonsine, — j'entends quelqu'un dans la pièce voisine. On vient.

— C'est sans doute M. de Favrolle. Je lui ai, je vous l'ai dit, donné rendez-vous ici.

A ce nom qui réveillait la jalousie d'Alphonsine et de Gérard, tous deux tressaillirent ; le jeune homme porta ses mains à ses yeux pour tâcher d'effacer la trace de ses larmes, de crainte de les laisser voir à son rival. L'institutrice, devinant ce sentiment de confusion, dit à Alphonsine :

— Mon enfant, passez avec votre frère par l'escalier du Belvédère, et courage ; j'ai bon espoir pour vous de mon entretien avec M. de Favrolle. Le voici, vite ! vite ! sortez par là.

— Hélas ! bonne miss Mary, — répondit la jeune fille en sortant appuyée sur le bras de son frère, — je ne suis heureuse et consolée qu'à demi.

— Courage, mon enfant ; aujourd'hui, si j'en crois mon cœur, vous serez heureuse et consolée tout à fait.

Au moment où le frère et la sœur venaient de sortir par l'escalier du belvédère, M. de Favrolle parut à la porte de la bibliothèque.

IV

IV

M. de Favrolle entra d'un air délibéré, résolu, et dit à miss Mary :

— Je vous remercie, Mademoiselle, de m'avoir accordé un entretien auquel j'attachais tant de prix.

— Je crois comme vous, Monsieur, que cet entretien a une grande importance.

— Vous en devinez donc le sujet?

— Peut-être, Monsieur.

— Alors, Mademoiselle, sans transition, sans préambule, j'arrive au fait : je vous aime; c'est absurde, c'est fou, je ne dis pas non; mais je vous ai aimée il y a deux ans; je me suis guéri avec peine, parce que je vous ai crue perdue pour moi; je vous ai revue, je vous ai aimée plus passionnément, plus follement que la première fois. Dites ce qu'il vous plaira, pensez ce que vous voudrez, je vous aime! cette fois-ci, il faut bien que vous l'entendiez : je vous aime ; je trouve que j'ai raison de vous aimer, et je veux vous aimer toujours.

— Monsieur de Favrolle, — répondit miss Mary avec une simplicité digne et touchante, — il y a près de deux ans (vous venez de me le rappeler tout-à-l'heure), craignant d'être traitée légèrement par des compagnons de voyage qui me semblaient moins bien élevés que vous, je me suis adressée à votre courtoisie, à votre loyauté ; vous m'avez accordé une protection remplie de délicatesse ; j'en ai gardé un souvenir plein de gratitude ; je pense que vous ne l'avez pas oublié non plus, quelle que soit l'étrangeté de l'aveu que vous venez de me faire.

— Cet aveu n'a rien d'offensant pour vous, miss Mary ; la femme la plus haut placée peut-elle être blessée de ce qu'on l'aime, de ce qu'on lui parle de cet amour ?

— La persistance d'un aveu devient blessante, Monsieur, lorsqu'une femme dit à l'homme qui la recherche : Monsieur, si flatteur que puisse être votre amour, je ne saurais y répondre.

— Et cela, vous me le dites à moi ?

— Oui, Monsieur.

— Ainsi, vous ne m'aimez pas ?

— Non, et je vous demande en grâce de changer d'entretien.

— Sans doute, miss Mary, vous ressentiriez plus de compassion pour un amoureux languissant et pleurant ; j'ai passé par là, oui, j'ai langui, j'ai pleuré, lorsque j'ai été séparé de vous à Paris ; je me suis désespéré, parce qu'il n'y a rien de triste, de désespérant comme une impossibilité ; mais maintenant je vous vois, je vous parle, je suis près de vous : or, franchement, user ma force, mon énergie dans un stérile désespoir, autant l'employer, cette énergie, à vous obtenir, à briser les obstacles qui nous séparent. Une autre conduite serait de ma part faiblesse ou démence; aussi n'étant ni faible ni fou, quoique passionnément amoureux, je veux que vous m'aimiez, et vous m'aimerez.

— Je vois avec peine, monsieur de Favrolle, qu'une conversation que je regarde comme très sérieuse, en raison de mon prochain départ et de ce que j'ai à vous dire, tourne à la plaisanterie.

— Ah! vous croyez que c'est une plaisanterie?

— Franchement, Monsieur, je ne saurais qualifier autrement cette comédie d'amour exalté.

— J'aime mieux ce mot : comédie. Vous êtes, miss Mary, plus près de la vérité que vous ne le croyez, car beaucoup de comédies finissent par un enlèvement.

— Un enlèvement! — dit miss Mary,

qui commençait à se troubler et que ce ton de passion extravagante, mais résolue, privait de tous ses avantages.

— Trouvez-moi donc un autre moyen de sortir de la situation? J'échappe à tout le monde, et vous me restez.

— Pensez-vous, Monsieur, à la maison où vous êtes?

— Justement; aussi ai-je hâte d'en sortir. Je sais par cœur, je vous en préviens d'avance, miss Mary, toutes les objections que vous pourrez me faire. Vous ne me direz rien de mademoiselle de Morville que je ne me le sois dit à moi-même tout haut, tout bas, le jour, la nuit; je l'ai trouvée charmante, c'est tout naturel : il y avait en elle comme un reflet de vous; aussi, d'honneur, si je ne vous avais pas revue, je l'aurais épousée avec grand plaisir, et elle eût, je crois, vécu fort heureuse avec moi, car je suis, après tout, un galant homme; mais, en ma qualité de galant homme, j'avoue franchement que n'aimant plus du tout mademoiselle de Morville, je ne veux pas l'épouser. Son père, sa mère, son frère, tout chevaleresque qu'il est, voudraient-ils absolument le malheur de cette pauvre enfant? Et d'ailleurs, est-ce que ce mariage serait possible après l'éclat ?

— Quel éclat, Monsieur ?

— Le scandale de votre enlèvement accompli par moi.

— Vous y revenez, à cet enlèvement ?

— Je n'ai pas d'autre pensée. Aussi, toujours en ma qualité de galant homme, je regarde comme un devoir de vous prévenir que je vous enlèverai afin que vous n'ayez pas plus peur qu'il ne convient.

Mon plan est arrêté, tout est prêt. Cependant, je l'avoue, un mot dit par vous au commencement de cette conversation déconcerte un peu mes projets.

— S'agit-il, Monsieur, de l'appel que j'ai fait à votre honneur? — dit miss Mary, qui commençait à s'effrayer de la détermination qu'elle lisait sur les traits de M. de Favrolle.

— Vous n'avez, chère miss Mary, aucun besoin d'en appeler à mon honneur : ne serez-vous pas ma femme? Non; ce qui déconcerte un peu mes projets, c'est votre départ prochain, m'avez-vous dit.

— Très prochain.

— Je vous suis très reconnaissant, miss Mary, de l'avis que vous me donnez, — répondit M. de Favrolle, qui, dès-lors, regarda autour de lui comme s'il eût attentivement examiné la localité. La précipitation de votre départ me force nécessairement à modifier mon plan. Et ce disant, il courut à la porte de l'escalier du belvédère, ferma la serrure, mit la clé dans sa poche, et revint auprès de l'institutrice, qui, de plus en plus inquiète, s'écria :

— M'expliquerez-vous, Monsieur, l'étrangeté de votre conduite ?

— Rien de plus simple, Mademoiselle. Vous comprenez que si prochain que puisse être votre départ, vous ne sauriez quitter Morville avant ce soir. Or, le jour s'avance, et il me suffit qu'avant la nuit close mes préparatifs soient complets, ils le seront. Or, voici en deux mots mon projet : beaucoup de personnes sont venues aujourd'hui dans ce pavillon ; il est donc probable qu'il ne recevra plus de nouveaux visiteurs ; en tout cas, une fois que je vous aurai enfermée ici...

— M'enfermer ici !

— Oui, Mademoiselle ; mais veuillez, de

grâce, ne pas m'interrompre. Une fois enfermée ici, vous appelleriez en vain : les fenêtres de cette pièce donnent sur la rivière, où personne ne passe. Donc, vos appels seraient vains. En vous laissant dans ce pavillon, je ferme la porte du rez-de-chaussée, dont j'emporte la clé. La nuit vient vers les cinq heures, en cette saison. L'on ne dîne au château qu'à sept heures. Cela me donne un temps suffisant pour agir, car votre absence ne peut être remarquée qu'au second coup de cloche du dîner. Je me suis déjà pourvu de chevaux, d'une voiture. Elle va, dès la tombée de la nuit, m'attendre à une des petites portes du parc, voisine de ce pavillon. Je reviens avec mon valet de chambre, homme sûr, discret et dévoué, assez dévoué pour m'aider à vaincre votre résistance, si, ce que je ne veux pas croire, miss Mary, vous me mettez dans la déplorable nécessité d'employer la violence pour vous conduire jusqu'à ma voiture. Mais, j'en suis certain d'avance, vous vous résignez, vous partez avec moi. Nous nous arrêtons à deux lieues d'ici, au milieu des bois de Saint-Léger, chez la veuve d'un garde. Elle est prévenue, et nous offre une modeste hospitalité. Une chambre est mise à votre disposition. Vous vous y enfermez, car je vous le jure sur l'honneur, miss Mary, en aucune occasion je ne manquerai aux égards, au respect que je vous dois. Mon seul but est de vous compromettre assez par les apparences pour que vous soyez forcée dè me donner votre main. Nous restons donc cinq où six jours dans la maison du garde. Après quoi, vos scrupules étant vaincus, j'en suis certain, nous reparaissons. Mon père est enchanté du tour, et se charge d'apaiser son vieux camarade. Votre famille, qui connaît Gretna-Green, comprend que nous avons suppléé à une institution qui nous manque malheureusement en France; vous m'accordez votre pardon et votre main, car ma conduite pleine de respectueuse déférence vous a touchée, apaisée ; nous sommes unis, et toute ma vie est consacrée à vous prouver que les moyens les plus absurdes peuvent nous conduire au bonheur.

M. de Favrolle s'exprimait avec tant d'assurance, les détails paraissaient si réels, le plan si praticable malgré son audace, que miss Mary commençait à trembler après avoir dédaigneusement souri. La nuit allait venir. A cette époque de l'année, les campagnes sont désertes, et, pour aller au bois de Saint-Léger, l'on n'avait à suivre aucune route fréquentée. Miss Mary ne pouvait donc compter sur aucun secours.

Tout lui manquait à la fois. Le matin

encore, soutenue par l'espoir d'un prochain retour près des siens, par la certitude de retrouver à Dublin Henri Douglas, qui devait y être arrivé, miss Mary était flattée de concilier toutes les passions qu'elle avait à son insu éveillées, de ramener à elle les esprits prévenus ou égarés, espérant ainsi quitter le château de Morville en y laissant des amis. Elle avait trop compté sur son courage, sur son sang-froid, sur la droiture de ses intentions, sur la bonté de sa cause : M. de Favrolle allait briser sa vie.

Voulant tenter un dernier effort, elle tendit ses mains suppliantes vers M. de Favrolle et lui dit :

— Monsieur, il est impossible que vous persistiez dans un projet aussi odieux.

— Mille pardons, Mademoiselle, — répondit M. de Favrolle, — le jour baisse, les moments sont précieux, excusez-moi de vous laisser seule. — Et d'un bond il s'élança vers la porte de la bibliothèque, afin de gagner de vitesse miss Mary et de l'enfermer; mais à peine eut-il ouvert la porte, qu'il se trouva face à face d'un homme robuste et trapu, vêtu d'une redingote jaunâtre, et chaussé de bottes à revers éperonnées et couvertes de boue. M. de Favrolle se recula frappé de surprise et entendit au même instant la voix de miss Mary qui s'écriait avec autant d'étonnement que de joie :

— William ! mon bon William ! Ah ! le ciel vous envoie !

M. de Favrolle reconnut alors le cocher anglais qui lui avait, deux années auparavant, si instamment recommandé la jeune voyageuse qui partait de Calais par la diligence. Miss Mary, tremblante d'émotion à la vue de William, qui sans doute lui apportait des nouvelles d'Irlande, n'avait pas la force d'aller au devant de ce fidèle serviteur ; elle s'appuyait sur le dossier d'un siége. M. de Favrolle, dissimulant son violent dépit, s'inclina respectueusement devant elle et lui dit :

— Mademoiselle, voici qui exige de profondes et nouvelles modifications au plan que vous savez ; je vais m'en occuper avec une ardeur nouvelle. J'ai vu le bonheur de trop près pour me décourager.

Et saluant de nouveau, M. de Favrolle sortit, laissant miss Mary seule avec William.

V

V

Miss Mary, après le départ de M. de Favrolle, surmontant enfin l'émotion que lui causait l'arrivée imprévue de William, dit à ce brave serviteur, qui la contemplait avec ravissement :

— Vous venez de Dublin, mon bon

William? Et mon père, et ma mère, et mes sœurs ?

— Ils vont tous bien, miss Mary, tous vont très bien, — répondit William en essuyant ses larmes du revers de sa main.

— Vous les avez vus dernièrement encore, n'est-ce pas, William ? Les nouvelles que vous me donnez sont récentes ?

— Oui, miss Mary, car je voyais votre chère famille tous les jours. Grâce à la protection que m'accordait M. Lawson, ce qui donnait confiance en moi, j'ai pu acheter à crédit une voiture que je loue et que je conduis; les affaires ne sont pas mauvaises. Ma remise est dans le faubourg, tout près du logement de votre famille, et comme chaque jour je parcours presque tous les quartiers de la ville, je vais demander ses commissions à mistress Lawson; j'épargne ainsi aux jeunes miss des courses qui les fatigueraient.

— Brave William! pauvres sœurs! Elles gagnent bien peu?

— Oh! elles sont devenues d'habiles ouvrières : elles peignent de petites guirlandes, de petits arbres, de petites rivières sur des éventails, et j'entends les marchands, à qui je les rapporte quelquefois, dire en les regardant : « Oh! joli, oh! très joli! » Alors, moi, je demande qu'ils paient plus cher, et deux fois j'ai obtenu de l'augmentation.

Et William, par un gros rire, témoigna de sa propre satisfaction à l'endroit de son adresse, puis il reprit :

— Oh! la maison a bien meilleur air que quand vous êtes partie, miss. Grâce à ce que vous envoyez à la famille, on a pu acheter quelques meubles confortables pour votre père et votre mère. D'ailleurs, vous savez comme mistress Lawson tient un ménage. Allez, vous serez contente quand vous allez la revoir, votre chère famille, auprès de laquelle *nous* allons vous ramener.

Ce *nous* frappa miss Mary. Le digne serviteur n'avait pas l'habitude de parler de lui à la première personne du pluriel. Une espérance qu'elle se reprocha comme insensée fit bondir le cœur de la jeune fille, et elle attacha un regard d'anxiété sur William, qui poursuivit ainsi, répondant sans le savoir à la secrète préoccupation de l'institutrice :

— Quand je dis *nous*, il faut que je

m'explique, miss Mary. L'autre soir, j'avais remisé la voiture de bonne heure, et j'étais allé rendre compte à mistress Lawson des commissions que j'avais faites pour elle. M. Lawson lisait son *journal*, vos sœurs étaient occupées à peindre, votre mère cousait du linge, et la petite Arabelle était couchée depuis longtemps. Tout d'un coup on frappe à la porte de la rue. Comme votre famille ne reçoit jamais personne, cette visite semblait un peu extraordinaire. Enfin, votre sœur aînée prend un flambeau et descend pour aller ouvrir. — Pourvu que ce ne soit pas l'annonce d'un malheur ! — dit votre pauvre mère à votre père, qui lui répond : — N'ayons pas ces craintes, ma chère femme, car depuis quelque temps la main de Dieu ne s'appesantit plus sur nous. — Cependant moi, j'étais assez inquiet, parce que j'entendais votre sœur qui était allée ouvrir la porte remonter les marches très vite, sans parler, et que j'entendais aussi de temps en temps comme un bruit de fer qui frappait la muraille aux tournants de l'escalier. Enfin, votre sœur paraît à la porte et s'arrête sans pouvoir parler, tant elle était émue, et derrière elle, j'aperçois un grand jeune homme en uniforme de commandant d'artillerie.

— Henry! — s'écria miss Mary, qui, malgré ses secrets pressentiments et les précautions oratoires du bon William, fut si profondément impressionnée de cette nouvelle, qu'elle garda quelques instants le silence ; puis elle reprit d'un ton plus calme : — Ainsi, M. Henry Douglas s'est présenté dans ma famille. Il a été, n'est-ce pas, William, accueilli comme par le passé ?

— Oh ! certainement, vos deux sœurs ont jeté un cri de joie et ont couru vers lui ; votre mère, qui avait voulu aussi se lever, est retombée sur sa chaise, tant elle était émue, et M. Lawson, très ému aussi, a tendu la main à M. Henry, qui l'a pressée dans les siennes en disant à votre cher père :

« — Pardonnez-moi, mon oncle, de ve-
« nir vous voir si tard ; le bâtiment où
« j'étais embarqué n'est arrivé que dans la
« journée ; ma première visite a été pour
« mon père, qui est à la campagne ; je suis
« venu ensuite accomplir ici un autre de-
« voir non moins cher à mon cœur. »
Telles ont été ses paroles, miss Mary, —
ajouta William ; — j'écoutais de toutes mes oreilles, et je ne me trompe pas d'un mot.

— Continuez, bon William, — répondit la jeune fille, qui écoutait le naïf récit avec un bonheur ineffable, et qui, par la pensée, s'efforçait d'assister à cette scène touchante, — continuez; n'oubliez rien, aucun détail; si vous saviez avec quel bonheur je vous écoute!

— Oh! miss Mary, je n'oublierai rien : je vois et j'entends encore tout cela comme si j'y étais. — « Cher Henry, — a
« repris M. Lawson, — vous avez, je l'es-
« père, trouvé mon beau-frère en bonne
« santé? — Oui, monsieur, — a répondu
« M. Henry, — mais mon père ne m'a
« gardé qu'une heure auprès de lui, et il
« m'a renvoyé en me disant : — Dépê-
« chez-vous, Henry : vous arriverez en-
« core assez à temps au faubourg pour

« voir ma sœur et son mari. S'ils savaient
« que vous êtes arrivé à Dublin, et que
« vous avez tardé à aller les voir, ils pour-
« raient avoir un doute sur notre con-
« duite, et ce doute serait une honte pour
« nous. »

Votre père a regardé M. Henry d'un air surpris comme pour lui demander l'explication de ces paroles, miss Mary, mais votre cousin n'a pas été longtemps à les expliquer, et s'adressant à vos parents, il a répondu : « — Monsieur et mistress
« Lawson, autorisé par le bon vouloir de
« mon père, sir John Douglas, je viens
« demander la main de miss Mary, votre

« fille bien-aimée, et la permission d'aller
« la chercher en France pour la ramener
« près de vous. »

L'institutrice ne put retenir ses larmes, mais elle fit signe à William de continuer son récit.

— Alors, miss Mary, votre père répondit : — « Cher Henry, je vous accorde la
« main de notre pieuse fille, et je vous
« bénis tous deux dans mon cœur. » —
Votre mère ne parla pas, miss Mary : elle fit mieux, elle attira M. Henry près d'elle et lui donna un long baiser sur le front. Puis ce fut le tour de vos sœurs, qui l'em-

brassèrent à qui mieux mieux, et moi j'étais content de penser que vous alliez revenir près des vôtres ; mais je ne savais pas encore toute la joie que j'aurais ce soir-là. Quand le premier moment fut passé : — « Mon cher oncle, — a repris
« M. Henry, — si vous le permettez, je
« partirai dès demain pour aller en
« France, au château de Morville. — Je
« vous autorise à cela très volontiers, cher
« Henry, — a répondu votre père, — et je
« vous donnerai une lettre où je remer-
« cierai M. et madame de Morville de
« toutes les bontés qu'ils ont eues pour
« notre chère enfant. »

— Comment ! il va donc venir ? — interrompit miss Mary, qui avait écarté son mouchoir de son visage pour lire plus vite dans les yeux de William la réponse qu'elle attendait.

— Un moment donc! miss Mary. Vous m'avez demandé des détails, veuillez les écouter aussi pour ce qui me concerne. Quand M. Henry eut obtenu la permission de venir vous chercher ici, il ajouta : — « Vous trouverez sans doute mieux, mon « cher oncle, que je ne me présente pas à « l'improviste devant miss Mary, qui ne « m'attend pas encore, et devant M. et « madame de Morville, qui ne me con- « naissent pas. Il serait convenable que je « fusse précédé de quelqu'un dont la pré-

« sence familiariserait miss Mary avec la
« pensée de son retour ici et de mon arri-
« vée prochaine, et si William, que j'ai
« reconnu là-bas dans son coin, veut m'ac-
« compagner, il me servira de courrier. »
Ai-je besoin de vous dire, miss Mary, que
j'ai accepté de bon cœur? Le lendemain,
j'avais confié ma voiture à un camarade et
je suivais M. Henry, certain d'avoir,
comme courrier, quelques heures de bonheur d'avance puisque je vous reverrais
avant lui.

— Mais où est-il ? où l'avez-vous laissé ?
est-ce qu'il va venir tout de suite ? — demanda miss Mary, dont la joie commen-

çait à se mêler d'inquiétude en songeant aux circonstances si pénibles, si difficiles, où elle se trouvait à l'égard de la famille de Morville et de M. de Favrolle.

— J'ai quitté M. Henry à Tours ; il ne doit en partir qu'à trois heures, et vu les mauvais chevaux de poste qu'on vous donne dans ce pays-ci, il n'arrivera au château que dans la soirée.

— Il serait trop tard, dit miss Mary, se parlant à elle-même. — William, — ajouta-t-elle, — quelque étrange que ma résolution vous paraisse, il ne faut pas laisser arriver M. Henry jusqu'ici; il faut que nous allions au-devant de lui.

— Miss Mary, vous n'avez qu'à commander; moi, je n'ai qu'à obéir les yeux fermés.

— M. Henry Douglas ne vous a-t-il rien remis pour moi?

— Excusez-moi, miss, la joie trouble un peu la régularité des commissions. Voici d'abord une lettre pour vous, et voici celle que M. Lawson écrit à M. et madame de Morville pour leur annoncer qu'il vous rappelle près de lui.

— Vous a-t-on vu au château ? — demanda miss Mary en décachetant le billet où Henry Douglas lui annonçait qu'ayant obtenu le grade avec lequel il devait revenir en Europe, il avait trouvé moyen de hâter son passage et de devancer l'époque qu'il lui avait indiquée dans ses dernières lettres. Ce billet ne le précédait que de quelques heures.

Lorsque William vit que miss Mary commençait à lire la lettre d'Henry Douglas pour la troisième fois, il crut pouvoir répondre à la question de la jeune fille.

— En arrivant au château, — reprit-il,

— j'ai demandé miss Mary Lawson à un domestique, qui m'a regardé avec beaucoup d'attention. Il est allé dire quelques mots à une grosse femme qui se trouvait dans la cour et qui lui a montré ce côté en m'examinant très attentivement à son tour. Le domestique est revenu vers moi, m'a dit de le suivre et m'a conduit à ce pavillon.

— Vous êtes venu à cheval ?

— Oui, miss, en vrai courrier, et le postillon a remmené aussitôt les deux chevaux. M. Henry Douglas arrivera avec la voiture qu'il a louée à Calais.

— A Saint-Hilaire, le dernier relais, avez-vous remarqué s'il y a quelque voiture dont on puisse disposer?

— Oui, miss, j'ai vu dans la cour une calèche de voyage.

L'entretien de William et de miss Mary fut interrompu par l'entrée de M. de Morville. Il paraissait plus soucieux, plus chagrin que de coutume. Il parut surpris de la présence de William, et dit à l'institutrice :

— Alphonsine est rentrée avec son

frère... La nuit venait, miss Mary. Sachant que vous étiez restée dans ce pavillon, et ne vous voyant pas de retour, j'ai été un peu inquiet.

— Je vous remercie, Monsieur, de cette marque d'intérêt, — répondit l'institutrice, qui, après quelques moments de réflexion, venait de prendre une résolution. — J'aurais une grâce à vous demander.

— Je suis à vos ordres, Mademoiselle.

Miss Mary montrant à M. de Morville

du papier et des plumes qui se trouvaient sur la table, lui dit :

— Auriez-vous la bonté de vouloir bien commander à votre cocher de mettre à la disposition de cet ancien serviteur de ma famille (et elle montrait William) une voiture et un cheval?

M. de Morville, stupéfait de la demande de miss Mary, allait lui adresser une question; mais réfléchissant que sans doute l'institutrice désirait ne pas expliquer devant un étranger ce qu'il y avait de singulier dans la demande qu'elle venait de faire à M. de Morville, celui-ci s'assit à la table sans rien dire, écrivit l'ordre et le remit à miss Mary. La jeune fille alla aussitôt vers William, qui était resté près de la porte, et lui donna le papier en disant en anglais :

— Mon bon Willam, allez tout de suite au château : remettez cet ordre au cocher ; aussitôt que la voiture sera prête, amenez-la au bout de l'avenue, ici, à droite du pavillon. Si les gens de la maison vous interrrogent, répondez que vous exécutez les ordres de M. de Morville... Ah ! —

ajouta-t-elle en traçant encore quelques lignes sur un papier, — vous demanderez la femme de chambre de mademoiselle Alphonsine, et vous la prierez de porter dans la voiture les objets marqués sur cette note.

William reçut les deux papiers, qu'il contempla d'abord avec un certain embarras, car, nouveau venu au château de Morville, les différentes commissions dont il était chargé lui semblaient assez difficiles à exécuter; mais, confiant dans son zèle et son intelligence, il sortit afin d'exécuter les ordres de miss Mary. A quelques pas du pavillon, il rencontra madame Pivolet. Celle-ci, fort surprise de l'arrivée de William au château et du séjour prolongé de l'institutrice dans le châlet du Rocher, s'y rendait, lorsque, de loin, voyant se diriger aussi vers cet endroit écarté M. de Morville, elle se cacha dans un taillis, laissa passer son maître, puis le suivit en disant:

— Plus de doute, un rendez-vous! J'irais sur l'heure en instruire Madame, si je ne tenais à savoir si l'homme à la redingote blanche et aux bottes à revers est encore avec l'insulaire.

Madame Pivolet fut bientôt édifiée à

ce sujet. A la vue de William sortant du pavillon, elle s'avança vers lui, et du ton le plus patelin lui offrit ses services, que le digne serviteur accepta d'autant plus volontiers qu'il se trouvait assez embarrassé pour exécuter les ordres de miss Mary. Il suivit donc au château la femme de charge, qui se disait avec une joie triomphante :

— Tout va bien ! Prévenons d'abord Madame que son mari est en tête-à-tête avec l'insulaire, et puis dépêchons vite le petit Robin au père Chênot. Ah ! tu ne m'échapperas pas cette fois-ci, la belle Anglaise !

Pendant que la femme de charge s'occupe de ses complots, nous retournerons au pavillon du Rocher, où M. de Morville est resté seul avec miss Mary.

FIN DU TROISIÈME VOLUME.

Impr. de E. Dépée, à Sceaux.

EN VENTE.

OUVRAGES D'ALEXANDRE DUMAS, TERMINÉS.

LE VÉLOCE
Tomes 3, 4 et derniers.

DIEU DISPOSE
6 volumes.

LE TROU DE L'ENFER
4 volumes.

ANGE PITOU
8 volumes.

LOUIS SEIZE
3 volumes.

HISTOIRE D'UNE COLOMBE
2 volumes.

Impr. de E. Dépée, à Sceaux.

www.ingramcontent.com/pod-product-compliance
Lightning Source LLC
Chambersburg PA
CBHW071506160426
43196CB00010B/1436